# 인도의 사회적 취약층과 우대정책

: 기타후진계층(OBC)의 공직, 교육 및 정치 부문 할당정책

# 인도의
# 사회적 취약층과
# 우대정책

기타후진계층(OBC)의 공직,
교육 및 정치 부문 할당정책

최정욱 지음

글로벌콘텐츠

공부할 기회를 주신 부모님과 사랑스런 가족에게

# 서문

　'인도'라는 단어가 우리말로는 '나라 이름 이외에 사람이 다니는 도로'라는 의미, '누구를 안내하다'라는 의미, 혹은 '인간의 도리'라는 의미 등으로 다양하게 사용되고 있다. 그래서 의미 전달이 쉽지 않은 것처럼 인도라는 나라 자체도 매우 다양한 면이 공존하기 때문에 하나의 통일된 의미로 설명하기 어렵다. 이것은 그만큼 연구하기가 어렵고, 어떤 하나의 화두를 가지고 온전히 이해하기는 불가능한 나라라는 것을 의미한다. 이런 상황을 고려하면 수많은 학자들이 인도를 연구해도 부족할 텐데 우리나라의 인도정치사회 연구진 현황은 너무나 빈약하다. 현재 저자가 몸담고 있는 한국정치학회 정회원 중 교수로서 인도를 연구하는 사람은 두 명 남짓할 뿐이다. 또한 인도정치 관련 박사급 회원들이나 한국정치학회 정회원이 아닌 인도정치 연구자들까지 통틀어도 열손가락 안에 들어간다. 이것은 중국·일본·미국 정치를 연구하는 전문가 집단은 물론 저자가 또 다르게 관심을 가지고 연구하고 있는 동남아시아 정치를 다루는 우리나라 전문가들의 수에 비해 인도 전문가가 적다는 것을 의미한다. 인도 사상이나 종교, 언어 내지 풍습연구와 같은 일부 분야를 제외한다면 다른 학문분야도 별다를 바가 없을 것이다.

　하지만 이러한 전문가들의 관심 부족에도 불구하고 인도는 이미 우리의 생활 속 깊이 스며들어 있다. 단적인 예로 우리 식탁에서 없어서는 안 되는 쌀의 어원은 인도인 것으로 전해진다. 또한 생활 속에서 항상 사용하는 0이라는 숫자 역시 인도의 발명품이다. 최근 논란에도 불구하고 허황후 이야기가 맞다면, 우리나라 사람들의 상당수는 인도인의 피를 지니고 생활하고 있는 것이다.

이렇게 인도는 우리에게 과거의 유산으로만 존재하는 것이 아니다. 현재 인도는 유럽연합을 제외하면 실질 구매력 기준으로 국내 총생산(GDP)이 세계 3위인 국가다. 조만간 인구 역시 중국을 제치고 전 세계 1위로 올라설 예정이다. 또한 우리는 여전히 가지고 있지 못한 우주발사체기술과 핵을 무장한 국가인 동시에 현재 진행 중인 유엔안전보장이사회의 개혁이 진행되면 아시아 국가 중 일본과 더불어 상임이사국이 될 가능성이 가장 큰 국가다. 정치적으로도 정치학 일반 이론과 달리 1인당 소득은 하위권이지만 신생독립국가 중에서 민주주의체제를 가장 장기적으로 유지하고 있는 국가다.[1] 또한 전 세계 모든 국가 중에서 가장 큰 민주주의 정치체제를 운영하고 있는 국가다. 이렇게 많은, 가난한 국민들을 데리고 이렇게 긴 시간에 걸쳐서 민주주의 정치를 실험하고 있는 나라는 세계 역사상 존재한 적이 없다.

하지만 여전히 인도는 우리나라 사람 대다수에게는 심정적으로 먼 나라이고, 우리보다 한참 뒤처진 국가로서 우리가 상대하여 배울 것이나 얻을 것이 없는 국가로 간주되고 있는 실정이다. 이러한 현실은 매우 안타까운 일이다. 왜냐하면 우리나라가 세계 다른 나

---

1) 정치학 일반 이론에 따르면 민주주의는 경제발전이 된 국가에서 탄생한다.

라와 접촉할 때, 일부 국가에 지나치게 편중하는 버릇을 버리고 균형 잡힌 대외관계를 유지하고자 한다면 앞으로 가장 우선해야 하는 국가는 인도이기 때문이다. 인도에 관한 연구는 국가전략상으로나 학문적으로나 절실히 필요하다. 이러한 인식에 기반해 여기서는 인도의 사회적 취약층에 대한 우대정책을 소개하는 작업을 하고자 한다. 이를 통하여 아직은 낯선 인도가 보다 친근하게 다가서기를 바라 마지않는다.

이 글에서 다루고 있는 것과 같이 사회적 취약층 우대정책을 그 어떤 나라보다도 먼저 시행하고 있는 나라가 인도라는 사실을 우리는 잘 알지 못한다. 많은 사람들이 우대정책하면 미국의 'affirmative action program'을 떠올리지만 역사상 우대정책의 시작은 인도에서 비롯되었다고 하여도 과언이 아니다. 우리사회 역시 다원화되어 가고 국경을 초월한 인구이동으로 단일민족신화가 와해되어 가는 현실을 감안할 때, 가장 이질적인 국가 중 하나인 인도가 국민통합을 위해서 채택하고 있는 우대정책을 전반적으로 검토하여 보고 반면교사로 삼는 것은 결코 헛된 일이 아닐 것이다.

책의 내용을 소개하기 이전에 우선 책의 제목과 관련하여 몇 가지 설명할 필요가 있다. 책 제목에 들어간 사회적 취약층(weaker sections of the people)이라는 용어는 정확한 표현이 아니다. 이 용어도 인도 헌법에서 사용하지만 이것은 후진계층(backward classes, BC)과 정확하게 일치하는 개념은 아니다. 그럼에도 불구하고 이 저술이 우리나라 독자들을 대상으로 하기 때문에 우리에게 보다 친숙한 용어인 사회적 취약층이라는 용어를 사용하였다. 또한 기타후진계층(other backward classes, OBC)과 단순히 후진계층은 인도에서 같은 의미로도 사용되기도 하고, 다른 의미로도 사용된다. 이것은 후진계층이 광의의 의미로 사용될 때도 있고 협의의 의미로 사용될 때가 있기 때문이다. 광의의 후진계층은 그것은 기타후진계층만이 아니라 지정카스트 집단(scheduled castes, SC)과 지정부족 집단(scheduled tribes, ST)을 포함한다. 이에 반하여 협의의 의미로 사용되는 경우 그것은 기타후진계층만을 의미한다. 예를 들어, 중앙정부의 위원회인 후진계층위원회에서 후진계층은 정확하게는 기타후진계층을 의미한다. 또한 지방 주정부 산하 기관들은 기타후진계층이라는 용어보다 후진계층이라는 용어를 더 선호한다. 예들 들어 안드라 프라데쉬 주의 정부 조직 간판을 보면, 후진계층을 담당하는 과는 아예 지정카스트 담당과에서 완전히 분리되어 있다. 그리고 실제 대화 속에서 후진계층이라고 하면 이는 대부분 기타후진계층만을 의미한다. 그럼에도 불구하고 여기서는 부제에 후진계층이 아닌 기타후진계층을 사용함으로써 주로 다루는 집단이 지정카스트와 지정부족이 아닌 기타후진계층임을 명확히 하고자 하였다.

또한 제목을 구성하고 있는 또 다른 용어인 우대정책 역시 정확한 용어는 아니다. 보다 정확하게는 할당정책이 맞을 것이다. 할당정책은 영어로는 'reservation policy'로 단순히 우대정책이라는 표현이 암시하는 것보다 훨씬 더 강력한 특혜를 제공하는 프로그램이다. 일반적으로 우대정책은 장학금이라든가 각종 보조금 제공 및 할인 혜택 등을 의미하지만, 여기서 다루는 우대정책은 이런 것이 아니라 사회적으로 희소한 일정한 자리를 강제로 할당하는 정책이다.

이 저술은 제목이 시사하듯이 인도의 사회적 취약층 중 하나인 기타후진계층과 이들에 대한 우대정책, 특히 할당정책을 중앙정부와 주정부 차원에서 공직, 교육 그리고 정치 부문에 걸쳐서 다루고 있다. 총 6개의 장과 3편의 부록으로 구성되어 있는데, 본문 중간중간에 인도의 일반적인 상황이나 제도에 익숙하지 않은 독자들의 이해를 돕기 위하여 12개의 글상자를 활용하여 주요한 개념들을 부연설명하고 있다. 이 결과 후진계층 우대정책이라는 상당히 전문적인 내용을 다루면서도 일반 독자들이 읽어 내려가는 데에 어려움이 없도록 하였다. 또한 우리나라 독자들을 감안하여 우리 제도와 비교하는 내용을 부록에 첨가하였다.

우선 제1장 서론에서는 이 책을 쓰게 된 취지를 밝히는 동시에 다루는 범주에 중앙정부 정책뿐 아니라 지방정부인 주정부 사례도 포함됨을 밝히고, 많은 수들 중에서 안드라 프라데쉬 주를 지방정책의 사례 연구 대상으로 택하게 된 이유를 언급하고 있다. 제2장에서는 이 책의 주 대상인 기타후진계층을 중앙정부와 지방정부인 안드라 프라데쉬 주정부에서 각각 어떻게 규정하고 있는지, 그리고 이들의 생활 수준이 지정카스트나 일반인들과 비교할 때 어떠한지를 살펴보고 있다. 그리고 나서 제3장에서는 기타후진계층을 대상으로 하는 정책을 실시하게 된 역사적인 배경과 제도적 배경을 다루고 있다. 인도의 경우 기타후진계층을 위한 우대정책은 여러 차례 시도한 끝에 1990년대에 와서야 비로소 실시될 수 있었다. 이 정책은 헌법 조항에 의해서 제도적으로 뒷받침되고 있기 때문에 제도적 측면을 살펴보는 것은 매우 중요하다. 인도 정부는 미국과 달리 우대정책을 실시하는 근거를 헌법에 명시하여 제도적으로 뒷받침하고자 하였다. 제4장에서는 우대정책의 구체적인 내용을 3개의 영역으로 나누어서 살펴보고 있다. 그것은 공직 부문, 교육 부문 그리고 정치 부문이다. 이 영역별 우대정책은 동시에 실시된 것이 아니다. 가장 먼저 공직 부문이 실시되었고, 그 다음에 교육 부문이 10년 정도 뒤에 실시되었다. 이 중에서 기타후진계층에 부여하는 정치 부문 할당은 가장 미약한 부문이고 중앙정부 차원에서는 실시하지 않고 있다. 다만 주정부 차원에서 정치적 선출직과 관련하여 할당을 실시하고 있는데, 이마저도 주 의회가 아니라 하위의 지방자치 단위에서만 하고 있다. 제5장에서는 할당정책 시행에서의 문제점들을 다루고 있는데, 이 중에서 가장 논란이 되고 있는 부유층 (creamy layer) 문제, 즉 기타후진계층 집단 중에서 상대적으로 여유가 있는 층의 할당배제 문제를 다루고 있다. 마지막 제6장에서는 전체 장들을 종합하는 동시에 할당정책의 효과를 살펴보고 있다.

이 저술은 서울대학교 아시아연구소의 2013~14년 아시아 기초연구 지원으로 시작되었다. 당초 도서출판을 목적으로 집필하였지만, 아쉽게도 여러 가지 제약으로 원고를 온전히 마무리하지 못하였다. 하지만 그 후 저술작업은 2015년 한국연구재단 중견연구 2년 과제로 다행히도 선정되어 지속되었고, 이 과정에서 그간 미진한 채로 남아 있었던 부분을 완성할 수 있었다. 이렇게 다년에 걸친 외부지원이 없었더라면 저자의 첫 국문 저서 출판은 불가능하였을 것이다. 따라서 우선 저자는 이 책이 나오기까지 서울대학교 아시아연구소의 후원을 받은 것에 대해 심심한 사의를 표할 뿐만 아니라 이 저서가 2015년 대한민국 교육부와 한국연구재단의 지원을 받아 수행된 연구(과제번호: NRF-2015S1A5A2A01010782)임을 밝히고자 한다.

처음 2014년 보고서 형태로 초고를 마친 이후 최종 도서출판 원고를 2017년 4월에 출판사에 넘기기까지 전문 학술저서의 위상에 어울리게 여러 번의 원고 수정을 거쳤지만 초고의 내용 중에서 수정을 하지 않은 부분이 있다. 첫 원고를 마무리한 이후에 안드라 프라데쉬 주가 지역 간 갈등으로 2개의 주로 분리되는 정치적 변화가 일어났다. 이러한 격변 때문에 안드라 프라데쉬 주는 이제 더 이상 뗄랑가나(Telangana), 라얄라씨마(Rayalaseema), 해안 안드라 3개 지역을 포함한 남부의 최대 주가 아니게 되었다. 수도가 있었던 하이드라바드 시를 포함하고 있는 구 뗄랑가나 지역이 지역차별을 이유로 뗄랑가나 주로 승격하여 독립한 것이다. 이 결과, 자료의 정확성을 기하려면 저술에 나오는 모든 주 단위 데이터를 안드라 프라데쉬 주와 신생 뗄랑가나 주로 나누어서 재징리하는 작업이 필요하다. 하지만 이 저술에서는 주의 분할에 따른 통계자료 업데이트 작업은 하지 않았다. 가장 큰 이유는 주가 분할되었음에도 이에 뒤따르는 각종 공식 통계자료의 재정리가 아직 완성이 안 되고 있기 때문이다. 또 다른 이유는 우대정책을 검토하는 데 있어서 특별히 뗄랑가나 지역의 자료와 그 외 2개 지역의 자료를 분리하여 살펴봄으로써 얻는 이득이 전혀 없기 때문이기도 하다. 오히려 구 안드라 프라데쉬 주의 통합자료를 제시하는 것이 큰 주정부에 관한 더 많은 정보를 제공하는 것이기 때문에 이득이 더 큰 편이다. 따라서 본문에서 안드라 프라데쉬 주를 언급하면 그것은 뗄랑가나 지역까지 포함한 구 안드라 프라데쉬 주를 의미한다.

　내용과 관련하여 한 가지 더 지적하고자 하는 것은 본문에서 지정카스트에 관한 부분, 특히 푸나협약이나 카스트제도에 관한 글상자

부분은 저자가 인용표기 하고 있듯이 저자가 이미 출판한 논문, 「인도의 공공 부분 할당제와 '지정카스트'의 정치 세력화: 인도의 카스트 정치 연구」, 『국제정치논총』 53권 3호(2013), 547~578쪽에 크게 의존하고 있다. 또한 이 저술에서 기타후진계층을 위한 중앙정부의 우대정책 중에서 공직 부문과 교육 부문 정책과 정책의 도입 배경 및 정책 효과에 관한 간단한 요약은 몇 년 전에 저자가 출판한 또 다른 논문, 「인도의 사회적 취약층에 대한 우대정책의 사례연구: 기타후진계층(OBC)에 대한 할당정책의 이해」, 『한국정치연구』 23권 3호(2014), 269~292쪽에서 이미 소개하였다. 결과적으로 이 저술의 제2장 일부와 전체 저술의 내용을 요약하고 정책 효과를 논하고 있는 제6장의 일부는 해당 논문에서 먼저 발표하였던 내용이다.

마지막으로 이 서문을 마치기 전에 이 책이 나오기까지 도움을 주신 분들께 사의를 표하고 싶다. 우선 저자의 원고 수정 작업에서 원고 교정의 상당 부분을 맡아서 도와준 한양대학교 사학과 박사과정의 임인재 조교와 건국대학교 정치학과 박사과정 정성은 조교에게 감사한다. 또한 인도 현지조사를 하는 과정에서 개인적으로 신세를 진 현지인들과 저자의 인터뷰에 기꺼이 응하여 준 교수들과 공무원들에게 감사를 전하고자 한다. 특히 저자의 오랜 친구인 찬드라쉐카르(T. S. Chandrashekar)와 오스매니아 대학(Osmania University) 정치학과의 라빈다(D. Ravinder) 교수의 도움이 없었다면 이 연구는 계획대로 마무리될 수 없었을 것이다. 그리고 부족한 원고이지만 선뜻 출판을 하여 주겠다고 맡아주신 (주)글로벌콘텐츠출판그룹의 양정섭 이사와 마지막까지 도서편집을 위해서 노고를 아끼지 않은 출판

편집팀에게도 감사드리고 싶다. 끝으로 난해한 인도, 그것도 연구가 덜 된 할당정책을 다루고 있기에 글의 내용에서 일부 오류가 있을 수 있다. 이러한 오류를 줄이기 위해서 저자 나름대로 최선을 다하였지만 부득이하게 생길 수 있는 것들에 대해서는 오로지 저자의 책임임을 밝히고자 한다.

2017년 10월
저자 최정욱

# 목차

<h2>〈그림 목차〉</h2>

<h2>〈글상자 목차〉</h2>

제1장 서론

오늘날의 대한민국 장년층이 과거에 대학을 다닐 때에는 대학 입학과 관련하여 특별히 우대받는 집단이나 계층은 존재하지 않았다. 다만 해외에서 오랫동안 생활한 대한민국 국적을 가진 학생의 경우 교육환경의 차이를 이유로 일반 학생들과는 다르게 학력고사를 보지 않고 별도 인원을 정원 외로 선발하였다. 나머지는 전국적으로 통일된 하나의 기준인 학력고사 성적을 기준으로 각자 원하는 학과에 지원하였다. 이들은 거주 지역이나 생활 수준과 상관없이 모두 동일한 기준에 의해 대학에 입학하였다. 이것은 그 당시 미국에서 과거 인종차별과 강제 노역의 후손인 흑인, 식민지 개척 당시 피해를 본 원주민(미국 인디언), 나아가 스페인어를 사용하는 이른바 라티노 또는 여성 등 소수집단이나 사회적 약자층을 대상으로 대학 입학에서 이른바 우대정책(affirmative action program)을 적용한 것과는 매우 상반된 현상이었다.

그 당시만 하더라도 남의 일로만 치부되었던 우대정책은 이제 더 이상 남의 일이 아니다. 예를 들어, 대학 입학 시 지원생들을 하나의 동일한 집단으로 간주하지 않고, 특정 집단의 학생들을 대상으로 별도의 전형을 만들고 정원 내·외로 나누어 선발한다. 그리하여 이들은 일반 학생들과 같은 기준에서 동등하게 경쟁하지 않고 같은 범주에 해당하는 학생들끼리만 서로 경쟁하게 된다. 이러한 별도 범주의 학생들은 농어촌 출신 학생, 탈북자, 한 부모 가정이나 다자녀 가정, 기초생활수급자와 차상위계층 등을 아우르는 사회적 배려 대상자들뿐 아니라 해외거주 재외국민 전형 대상까지 매우 다양하다. 국가유공자나 다문화 가정의 자녀들도 별도 범주의 전형으로 선발하기도 한다. 또한 대학졸업 후 공무원 선발에서도 지역균형선발이라는 이름 아래 지방 대학 출신에 대해서 우대를 해주고 저소득층에 대해서도 별도로 정원을 배정하여 선발하고 있다.

그리하여 차별해소와 기회균등을 명분으로 한 사회경제적 우대정책이 더 이상 우리에게 낯설지만은 않다. 하지만 한국에서 제일 잘 나간다는 이건희 삼성그룹 회장의 손자가 2013년 영훈 국제중학교의 사회적 배려 대상자 특별전형을 통해 입학했던 사실이나, 대학교의 농어촌특별전형을 이용하기 위한 위장 전입이 빈번한 점, 특별전형 대상의 대부분을 정원 외로 선발하여 일반전형 학생들의 반발을 완화하려고 한 점 등을 고려하면 우리 사회에서는 아직도 왜 이들이 우대를 받아야 하는지, 받아야 한다면 누가 받아야 하는지에 관한 사회적 합의 및 공감대가 부족한 편이다.

여기서는 우대정책을 세계 최초로 그리고 가장 강력한 형태로 실시하고 있는 인도의 사례, 특히 사회경제적 열위계층에 해당하는 이른바 기타후진계층(other backward classes, OBC)에 대한 우대정책을 소개하고자 한다.

인도는 이미 독립 이전에 일부 지역에서 특정 계층에 대한 우대정책을 도입하였다. 독립 이후 1950년대 초에는 사회최하층인 지정카스트와 지정부족에 대한 우대정책을 헌법에서 보장하는 권리로 도입하였다. 1990년대에 와서는 바로 위 계층에 속하는 기타후진계층에까지 우대정책을 확대하였다. 따라서 인도의 기타후진계층에 대한 우대정책은 미국보다 뒤늦게 도입되었지만, 지정카스트와 지정부족의 경우에는 미국보다 이른 시기에 도입되었다. 미국에서는 역차별을 우려하여 매우 제한적으로, 그리고 필요불가결한 국가이익(compelling state interest)이 걸린 경우에만 우대정책을 시행하도록 하고 있으며, 시행 규정 또한 어떠한 헌법 규정에 의해서 보장받고 있는 것이 아니다.[1] 다시 말해 법원의 판결에 따라서 언제든지 뒤집어질 수 있는 정책인 것이다. 하지만, 인도의 경우 헌법에 명시적으로 우대정책을 규정하고 있을 뿐만 아니라, 미국에서 기회균등의 원칙에 어긋나며 역차별 가능성이 있다고 하여 금지한 정원 할당정책이 우대정책의 핵심으로 자리 잡고 있다.[2]

일반적으로 교육 관련 우대정책은 장학금과 숙식시설, 국가 보조

---

[1] 미국의 경우 가장 최근 대법원의 판결은 우대정책 폐지를 위헌이 아니라고 판시하였다. http://news.chosun.com/site/data/html_dir/2014/04/24/2014042400051.html(2014년 4월 24일자 『조선일보』 기사 참조).

[2] 미국과 인도의 우대정책 비교는 Weisskopf(2004) 참조.

금 혜택 등 매우 광범위한 것을 포함하고 있다. 하지만 여기에서는 인도의 우대정책의 특징인 정원 할당(reservation, 혹은 quota)정책에 대해서 주로 논할 것이다. 또한 지역별 연구범위와 관련해서는 인도 중앙정부 차원의 정책을 살펴보는 동시에 주정부 차원의 정책도 아울러 살펴보고자 한다. 인도의 경우 연방국가이기 때문에 연방정부 하에서 주정부는 그 나름대로의 사정을 반영하여 우대정책을 시행하고 있다. 따라서 각 주마다 구체적인 정책의 내용에 있어서는 조금씩 차이가 난다. 우리는 여기서 35개 연방령이나 주정부 모두를 개별적으로 다룰 수가 없기 때문에 구체적 사례로 남부의 한 주인 안드라 프라데쉬 주의 정책을 주로 다루고자 한다.

주정부 차원의 우대정책을 알아보기 위하여 특별히 안드라 프라데쉬 주에 주목하는 이유는 다음과 같다. 일반적으로 후진계층에 대한 우대정책은 남부 인도가 북부 인도 지역보다 더 일찍 도입하였고, 원활하게 실시되고 있는 것으로 알려져 있다. 그 중에서도 타밀나두와 까르나타까 그리고 안드라 프라데쉬 등이 모범 사례로 꼽힌다. 이 때문에 북부에서 각종 우대정책을 입안할 때 남부의 지역 사례를 참조하거나 견학하기도 한다. 이처럼 우대정책의 전통이 강한 남부인도 중에서도 안드라 프라데쉬 주는 인구나 면적으로 볼 때 가장 큰 주로서 남부를 대표한다고 볼 수 있다. 또한 후진계층 내에서도 지배카스트와 기타후진계층(안드라 프라데쉬 주의 용어로는 후진계층)이 뚜렷이 구분되는 곳이기도 하다. 뿐만 아니라 기타후진계층과 관련된 수많은 대표적인 소송이 제기되었고, 일부는 대법원까지 올라가 인도 전체의 우대정책에 지대한 영향을 미친 판결이 많이 난 주이기도 하다.

## 〈글상자 1-1〉 안드라 프라데쉬 주

인도의 안드라 프라데쉬는 대부분의 한국 사람들에게 낯선 이름이기 때문에 이에 대해서 별도로 소개를 하고자 한다. 안드라 프라데쉬 주는 28개의 주(states)와 7개의 중앙정부직할지(union territories)로 구성된 인도연방의 한 주이다. 이곳은 인도에서 면적으로는 네 번째 넓은 주로 남한 면적의 약 2.7배 크기다. 2001년 인구조사에 따르면 인구는 7천 6백만이 조금 넘어서 다섯 번째로 인구가 많은 주이다. 이는 우리나라 남북 인구를 합친 수와 비슷하거나 조금 많은 숫자다. 인도의 최남단 타밀나두 주의 바로 위에 놓여 있으며, 서쪽으로는 까르나타까 주를 접하고 동쪽으로는 벵갈만을 접하고 있다. 이 주는 인도가 영국 식민지로부터 독립할 당시에는 존재하지 않았다. 하지만 단식 사망 투쟁까지 하면서 끈질기게 분리 독립을 요구한 끝에 1953년 10월 1일, 지금의 타밀나두인 마드라스 주에서 뗄루구(Telugu) 말을 하는 지구(districts)가 별도로 분리되면서 안드라 주로 독립하였다. 그 이후 다시 하이드라바드 주에 속하였던 9개의 뗄루구어 사용 지역인 이른바 뗄랑가나(Telangana) 지역을 따로 떼어 내어 기존의 안드라 주에 병합하였다. 이에 따라 1956년 11월 1일자로 지금의 안드라 프라데쉬 주가 탄생하였다. 이러한 언어를 중심으로 한 주 경계선의 확정과 분리 독립은 인도 역사상 최초의 사례로서, 이후 인도 주의 경계선이 기본적으로 언어를 중심으로 다시 그려지는 단초를 제공하였다. 안드라 프라데쉬 주는 크게 3개의 지역으로 나누어진다. 하나는 과거 마드라스의 일부였던 해안 안드라(coastal Andhra) 지역과 남부 내륙의 라얄라씨마(Rayalaseema) 지역 그리고 뗄랑가나 지역이다. 이 3개 지역 중 해안 안드라 지역이 비교적 부유한 지역이다. 수도는 하이드라바드고, 공용어는 뗄루구와 우르두(Urdu)다. 89%의 인구가 힌두교도이고, 9% 정도가 회교도다.

안드라 프라데쉬 주는 2014년 2월 현재 뗄랑가나 지역을 별도로 분리 독립시키는 법률이 통과된 상태다.[3] 이 지역 출신 주민들은 오랜 기간 분리 독립을 요구해 왔다. 이러한 분리 독립은 뗄랑가나 지역 출신자들이 다른 지역 출신자에 비해 사회경제적으로나 공공 부문에서 상대적으로 차별받고 있다는 인식과 연관된다. 또 다른 한편으로 그것은 안드라 지역과 라얄라씨마 지역에 주로 기반을 둔 레디(Reddy)와 깜마(Kamma) 카스트, 두 집단을 중심으로 한 사회·경제·정치 영역의 지배적 패러다임에서 벗어나려는 노력과도 연관이 있다. 이렇게 분리될 경우 안드라 프라데쉬 주는 현재의 인도 정부정책으로는 최초로 언어를 중심으로 주경계선을 그리는 기준을 만들게 된 선례가 되었으나, 이번에는 그러한 기준을 처음으로 다시 허물게 되는 전례가 된다.

〈그림 1-1〉 안드라 프라데쉬와 그 지역 구분
출처: http://www.vepachedu.org/TELANGANA.html.

---

3) Andhra Pradesh Reorganization Act(2014) 참조. 3월 1일자로 관보에 공시되었고, 6월 2일자로 뗄랑가나 지역은 안드라 프라데쉬 주에서 떨어져 나와 인도의 29번째 주로 새로이 출발하게 된다(*Deccan Chronicle*, 2014년 3월 4일).

이 글은 어디까지나 인도의 우대정책을 세부내용까지 깊게 소개하는 것이 주목적이다. 따라서 기존의 다른 연구가 주로 관심을 보여 온 바와 같이 우대정책에 대한 장단점 논쟁을 부질없이 재론하고자 하는 것도 아니고, 그러한 정책의 효과나 정책 실행 과정에 대한 평가를 하려는 것도 아니다. 이러한 평가는 우선 정책에 대한 이해를 전제로 한다. 하지만 대부분의 정책 평가에 치중하는 논의들은 정작 정책 자체에 대한 구체적인 언급은 하지 않고 넘어가는 경우가 허다하다. 하지만 정책효과나 그 정책의 장단점을 논하기 이전에 정책 자체에 대한 이해가 무엇보다 필요하다. 지정카스트나 지정부족과 같은 집단에 대한 정책은 영어권 출판물의 경우 비교적 자세히 소개되고 있다. 하지만 이 글에서 소개하고자 하는 기타후진계층에 대한 정책에 대해서는 한 영역만 다루거나 일면적인 경우가 대부분이다. 따라서 기타후진계층에 대한 우대정책을 총괄하여 깊이 있게 소개하는 글은 찾아보기 어렵다. 비단 이것은 우리나라를 비롯하여 영어권 연구뿐 아니라 인도 현지 문헌을 보아도 마찬가지다. 따라서 대부분의 기타후진계층에 대한 우대정책의 논의는 정책효과나 장단점에 치중하거나, 특정 영역 하나, 예를 들어 교육이면 교육, 공직임용이면 공직임용 등으로 나눠서 거론되고 있다. 이에 반하여 이 글은 이러한 기타후진계층에 대한 정책을 종합적으로 검토하고자 한다.

먼저 이 정책에 대해 논의하기에 앞서 일반인과는 다르게 특별한 범주로 구분되어 별도의 대우를 받는 기타후진계층, 즉 'other backward classes'를 제2장에서 간단히 소개하고자 한다. 기타후진계층이 누구이며 어떻게 구분되는지, 그리고 이들의 생활 수준이 어떠하기에 우대정책을 필요로 하고 있는지 살펴보고자 한다. 이후 제3장에서는 기타후진계층에 대한 정책을 실시하게 된 역사적인 배경과 제도적 배경을 알아보고자 한다. 이러한 정책은 일반적으로 하루아침에 도입되는 것이 아니다. 인도의 경우도 여러 차례 시도한 끝에 비로소 1990년대에 실시될 수 있었다. 이 정책은 헌법 조항에 의해서 제도적으로 뒷받침되고 있기 때문에 제도적 측면을 살펴보는 것은 매우 중요하다. 제4장에서는 우대정책의 구체적인 내용을 3개의 영역으로 나누어서 살펴보고자 한다. 그것은 공직 부문, 교육 부문 그리고 정치 부문이다. 이 영역별 우대정책은 동시에 실시된 것이 아니다. 가장 먼저 공직 부문이 실시되었고, 그 다음에 교육 부문이 10년 정도 뒤에 실시되었다. 정치 부문 할당은 가장 미약한 부문이고 주별로 실시하는 방식과 시기가 조금씩 차이나지만, 공직 부문과 교육 부문 할당의 중간 시기 정도에 대부분 주에서 시행하기 시작한 것으로 볼 수 있다. 제5장에서는 할당정책 시행 과정에서의 문제점들을 다룬다. 특히 이 중에서 가장 논란이 되고 있는 부유층(creamy layer)의 문제, 즉 기타후진계층 집단 중에서 상대적으로 여유가 있는 층의 할당배제 문제를 집중적으로 다룰 것이다. 마지막 장에서는 할당정책의 효과를 살펴보는 동시에 전체 연구를 종합하면서 연구를 마무리하고자 한다.

# 제2장 기타후진계층의 규정과 사회경제적 현황

## 1. 기타후진계층의 규정
### : 중앙정부와 안드라 프라데쉬 주정부

우리나라 독자들의 이해를 돕기 위하여 이 연구의 주 대상인 'other backward classes'를 우리나라의 사회경제적 열위층 혹은 차상위계층이라고 부르면 좋겠지만, 여기서는 여러 가지 기술적인 문제 때문에 그냥 직역하여 기타후진계층으로 부르고자 한다. 이러한 인도의 사회경제적 열위층 또는 기타후진계층에 대해서 첫 번째로 이해해야만 하는 것은 이것이 기타 후진 '카스트'(other backward castes)가 아니라는 점이다. 어디까지나 이것은 'classes'이지 'castes'는 아니다. 여기서 카스트가 아니라 클래스라고 한 것은 후진계층이 반드시 카스트만으로 구분되는 것이 아니라는 것을 의미한다. 따라서 후진성이 카스트와 연관이 될 수는 있지만 반드시 그와 동일한 것만은 아니다. 이렇게 후진카스트가 아닌 후진계층이라는 용어를 사용하는 것은 두 가지 문제와 관련이 있다. 하나는 인도 정부가 독립 이후 카스트를 법적으로 금지하고 폐기하였기 때문에 정부문서나 인구조사에서 카스트 유형을 설정할 수가 없게 된 것과 관련이 있다. 이러한 이유로 카스트를 국가정책의 특혜나 차별의 기준으로 명확하게 설정할 수 없다. 두 번째 문제는 카스트와 힌두교의 연관성과 관련된다. 카스트제도는 인도 힌두교에서 기인한 것이기 때문에 후진계층이라고 부르게 되면 힌두교 신자가 아니어도 된다는 것을 시사하게 된다. 만약에 후진성의 기준을 카스트로만 설정한다면 힌두교나 범힌두교(불교나 시크교 등) 신자 이외에는 들어가기가 곤란하다. 이렇게 카스트와 기타후진계층을 어느 정도 분리함으로써 힌두교도가 아닌 기독교인이나 회교도들도 기타후진계층에 들어갈 수가 있게 되는 것이다. 물론 기독교인이나 회교도 내에서도 카스트 관행이 남아 있지만 적어도 공식적으로는 이들은 신 앞에 평등한 존재다. 인도에서 관련 문제를 이야기할 때 현지인들도 상당 부분 기타후진계층을 카스트 집단으로 이해하고 있고, 실제로 그렇게 적기도 한다. 하지만 적어도 기타후진계층은 공식적으로 카스트만으로는 구별할 수 없는 범주다.

## 〈글상자 2-1〉 카스트제도

기타후진계층에 대한 이해를 돕기 위하여 인도의 카스트제도에 대해서 간단히 소개할 필요가 있다. 인도의 카스트제도는 세계적으로도 특이한 불평등 계층 구조다. 카스트제도는 계층 간의 엄격한 위계질서와 그에 따른 행동 양식을 규정하고 있다. 예를 들면, 음식물 겸상 혹은 공식(共食, commensality) 규정, 오염 규정 등이 있다. 카스트 내부 서열은 세대 간 지속되며, 모든 규정은 일반 관습으로 존재할 뿐만 아니라, 종교적인 관행과 힌두교의 교리에 근거하고 있다. 전통적으로 카스트 구조는 4개의 층으로 이루어져 있다. 그것은 브라만, 크샤트리아, 바이샤 그리고 수드라이다. 이것은 인도인들에게 바르나(varna)로 알려진 것으로 바르나의 어원상의 의미는 색깔(color)이다. 이러한 힌두교도의 분류는 힌두성전 중하나인 리그베다(Rig Veda)에서 처음 언급되고 있는데, 그곳에서 브라만 계층은 힌두교에서 우주의 근원(Cosmic Being)이라고 여기는 푸루샤(Purusha)의 입에서, 크샤트리아는 그의 팔에서, 바이샤는 그의 허벅지에서 그리고 수드라는 그의 발에서 각각 탄생하였다고 전하고 있다. 이로인해 통상적으로 인도의 힌두교는 태생적 불평등을 전제로 하는 종교라고 규정한다.

카스트라고 할 때는 이러한 바르나 집단을 의미하기도 하지만, 인도에서는 자띠(jati)를 의미하는 경우가 더 많다. 이것은 흔히 카스트 집단에 직업적 속성을 부여하고 이 직업이 대대로 계승된다고 할 때의 카스트 집단 단위를 말한다. 오늘날에는 이러한 직업과 자띠 간의 연계성은 매우 느슨해졌다. 하지만 여전히 자띠의 고유한 특성 중 하나인 족내혼 관행은 오늘날에도 풍미되고 있다. 이것은 자띠가 같은 종족 내에서 결혼을 허용하는 가장 작은 족내혼 집단(endogamous social unit)이라는 것을 보여준다. 바르나와는 다르게 인도 전체에 걸쳐서 약 3,000개의 자띠가 있는 것으로 추측된다. 이러한 자띠는 다시 그 속에서 족외혼(exgomy)을 원칙으로 하는 씨족집단인 고트라(gotra, clan)와는 구분된다. 다양한 힌두 자띠들은 어느 하나의 바르나에 소속되지만, 어느 바르나에 어느 자띠가 소속하는가는 항상 논쟁의 대상이다.

전통적인 카스트 위계질서에서는 브라만과 비브라만의 구분도 중요하지만, 그보다도 종교적으로 더 의미가 있는 것은 재생집단(twice-born, dwija)과 비재생집단 간의 구분이었다. 수드라를 제외한 상위 3개의 집단이 이러한 재생집단에 속한다. 이 집단만이 힌두의례인 재생을 통하여 힌두경전을 읽거나 듣거나 함으로써 진정한 힌두교도로서 생활할 수 있다고 보았다.

—최정욱(2013: 548~549)에서 재인용

둘째로 기타후진계층에서 '기타(other)'는 후진계층에서의 지정카스트나 지정부족이 아닌 나머지 층을 의미한다. 원래 후진계층(backward classes)은 지정카스트나 지정부족을 포함하는 개념이다. 따라서 기타후진계층은 후진계층 중에서 이미 우대정책 혜택을 받고 있는 지정카스트(이에 관해서는 〈글상자 2-2〉 참조)나 지정부족을 제외하고 추가로 우대정책이 필요한 나머지 계층을 의미한다. 보다 정확히 말하면, 지정카스트나 지정부족은 아니지만 여전히 심각한 후진성 때문에 특별히 정부의 지원정책이 필요한 계층을 의미한다. 후진계층의 또 다른 범주인 지정카스트나 지정부족에서 '지정(scheduled)'이라는 용어는 헌법이나 법률의 부속조항을 의미한다. 즉, 이러한 부속조항에 명단이 올라와 있는 카스트 집단이라는 의미다. 기타후진계층 역시 지정이라는 이름이 들어가 있지는 않지만, 정부령에 의해 일일이 그 명단이 관리되는 집단이다.

### 〈글상자 2-2〉 지정카스트

인도 중앙정부 차원의 우대정책은 후진계층 중에서 지정카스트에 대한 우대정책에서 시작한 것이다. 따라서 이 지정카스트에 대해서 보다 자세히 논할 필요가 있다. 전통적인 바르나 체계에는 정결(purity)이라는 개념이 항상 들어가 있었지만, 그 어디에도 오늘날처럼 하나의 고유한 카스트 집단으로 구분된 불가촉천민집단(untouchables)이나 지정카스트(scheduled castes) 집단이라는 개념은 나오지 않는다. 따라서 전통적인 바르나 체계에서 이들은 힌두교의 네 가지 범주에 들어가지 않으며, 그 체계 외부에 존재하는 카스트 외(外) 종족(avarna, outcaste)으로 분류되어 있었다. 이들은 과거에 단순히 형용사인 영어의 소문자로 표현되는 불가촉(untouchable)이라는 수식어로만 막연히 표현되어 왔으며, 기존의 카스트 집단으로부터 따돌림을 당했다. 이들은 지역에 따라서는 일정 거리 이내로 접근만 하여도 상대방 카스트를 오염(pollution)시키는 것으로 취급되었다. 또한 이들이 스스로 힌두교 신자라고 믿는다고 해도 힌두사원에 근접할 수 없었고, 이들의 거주 지역 역시 일반 마을과는 분리(cheri, segregation)되어 있었다.

지정카스트라는 명칭이 갖는 의의는 과거 카스트 질서에 애매하게 남아 있었거나, 그 바깥에 존재하였던 불가촉천민들을 힌두교 내부질서에 명확히 편입했다는 점에 있다. 지정카스트 구성원 사이에서도 스스로를 힌두교도의 일부로 보는지에 대해서는 여전히 논란이 있다. 그러나 적어도 독립 이전 식민지 정부와 이후 인도 정부는 지정이라는 단어를 붙이긴 했지만 이들을 아웃카스트(outcaste)가 아닌 카스트 내부 집단으로 규정함으로써 힌두교 질서에 편입시켰다. 영국 식민지 시대 후반기까지 상층 카스트들은 이들을 불가촉천민이라고 하여 카스트 외 족속으로 대하였음에도 불구하고, 식민지 시대에 정치적인 대표성과 관련해서 이슬람집단에 대항하기 위해 힌두교의 일부로 편입하여 힌두교도 전체의 정치력을 과시하고자 하였다. 그런데 이러한 이중성이 지정카스트제도의 도입으로 사라진 것이다. 이 제도로 인하여 브라만, 크샤트리아, 바이샤 그리고 수드라 등과 같은 전통적인 카스트와는 다르게 지역에 따라 동일한 명칭이 존재하지 않았던 '불가촉'의 족속들이 전국적으로 지정카스트라는 하나의 명칭 아래 통합되어 법적인 실체로 등장한 것이다.

—최정욱(2013: 551~552)에서 재인용

인도의 후진계층에 대한 최초의 중앙정부 차원의 할당제는 후진계층 중 지정카스트에서부터 시작한다. 이러한 우대정책의 기원은 영국 식민지 통치기간에 이루어진 푸나협약(이에 관한 이해는 〈글상자 2-3〉 참조)에서 비롯되었다. 푸나협약을 통하여 이른바 피억압계층에 대한 우대정책이 중앙정부 차원에서 실시되었다. 그러나 지정카스트에 대한 우대정책을 논할 때까지만 하더라도 중앙정부 차원에서 오늘날 '기타후진계층'에 대한 관심은 부족한 편이었고, 나중에 뒤늦게 실시하게 된 이들에 대한 우대정책도 그 범위가 지정카스트에 비하여 매우 제한적이었다. 이 당시와 독립 이후 몇 십 년 동안까지만 하더라도 오늘날 기타후진계층에 속하는 몇몇 그룹은 스스로를 '후진(backward)'으로 규정하지 않고, 오히려 상층카스트의 행태를 따라하는 문화적 추종현상인 이른바 산스크리트화를 더 선호하였다. 이후 이들은 산스크리트화를 통한 자신의 신분상승 운동을 접고 스스로의 권리를 찾아 나서게 되면서 본격적으로 기타후진계층에 대한 우대정책이 문제시되기 시작하였다.

### 〈글상자 2-3〉 푸나협약: 후진계층 할당제의 기원

푸나협약(Poona Pact, 1932)은 기타후진계층과 직접적인 관련은 없지만, 인도의 후진계층에 대한 우대정책을 이해하기 위해서는 반드시 알아야 한다. 인도 헌법에 보장된 중앙정부 차원의 각종 공공 부문 우대정책 혹은 인도인들의 용어로 표현되는 할당제(reservation policy)의 역사적 기원은 식민정부법인 1935년 인도 정부령(Government of India Act 1935)으로 거슬러 올라간다. 이 법률에 처음 등장하는 지정카스트(scheduled castes)에 대한 조항 그 자체는 그 이전의 다양한 정부와 비정부단체의 활동의 결과물이다. 이는 순차적으로 사이먼위원회(Simon Commission,

1927), 그 이후 두 번의 영국 정부 주도하에 가졌던 정부와 사회단체 원탁회의(Round Table Conferences, 1930~1931), 각종 집단의 정치적 대표 문제에 관한 영국 본국 정부의 결정안인 공동체 문제에 관한 결의안(Communal Award, 1932), 그리고 힌두교도와 그 당시 용어인 피억압계층(depressed classes)의 대표 간의 타협안인 푸나협약을 거치면서 나온 결과물이다. 푸나협약에서는 지정카스트의 그 당시 명칭인 피억압계층의 교육문제와 공직 진출에 관해서도 언급을 하고 있지만, 가장 중요한 논쟁점은 앞으로 세워질 자치정부에서의 피억압계층의 정치적 대표성을 제도적으로 보장하는 방식이었다. 즉, 좁은 의미에서의 정치문제가 가장 핵심적인 논쟁사항이었다. 이와 관련하여 정파들 간에 크게 세 가지 안이 제기되었다. 첫째, 단순히 일정 수의 피억압계층 대표를 지명(nomination)하는 방안, 둘째, 피억압계층을 일반 힌두교와 구별하여 별도로 이들만의 선거인단을 구성하여 자체 대표를 선출하는 방안(separate electorate), 그리고 셋째로 피억압계층을 별도의 공동이익집단으로 인정하지 않고 힌두교도들과 동일하게 일반적인 선거인단의 일부로 편입하되, 이들의 수적 대표성을 확보하기 위하여 일정한 수의 의석을 할당하는 방안(reservation)이었다. 그 중 지명제도의 경우, 피억압계층의 그 당시 사회경제적 상황을 고려할 때 일정한 자격을 갖춘 인물들을 찾기 힘들다는 이유로 초기 지방 식민정부 대표들이 선호하였다. 그러나 결국 피억압계층들도 자치정부에서 정치적인 훈련이 필요하다는 논의에 막혀 폐기되었다. 그 결과 나머지 2개 안을 두고서 갈등이 격심하였다. 각 관련 집단들은 피억압계층을 별도의 단일 이익집단으로 인정하여 독립적인 선거인단을 구성하도록 할 것이냐 아니면 힌두교도 일반과 이익을 같이 하는 집단으로 분류하여 단순히 지정석만을 할당할 것이냐를 두고서 서로 충돌하였다. 이 문제는 이미 별도의 이익집단으로 분리하는 것으로 합의된 회교도 집단과 피억압계층의 관계를 어떻게 설정하느냐는 문제와도 연관이 있었다. 즉, 이것은 피억압계층을 회교도에 대항하는 범힌두교도의 일부로 보느냐 아니면 제3의 정치적 이익집단으로 보느냐 하는 문제이기도 하였다. 각 입장은 간디(M. Gandhi)와 암베드카르(B. R. Ambedkar)로 대표되었다. 후자의 입장은 힌두교 교리 자체가 하나의 불평등 구조를 옹호하고

있을 뿐만 아니라, 모든 인간, 혹은 같은 종교집단의 구성원은 평등하다는 생각을 하지 않기 때문에 이슬람이나 다른 기독교 집단처럼 힌두교를 하나의 공동체(community)로 규정할 수 없다는 것이었다. 이에 반하여, 간디는 피억압계층이 분명히 힌두교도의 일부이며, 이들에 대한 역사적 차별은 힌두교 자체에서 나온 것이 아니라 고전적 힌두교의 기능적 차이가 추후에 역사적 전개 속에서 구조적인 불평등으로 왜곡된 것뿐이라고 주장하였다. 그는 이들이 다른 종교로 개종하는 것은 자유이지만, 그렇지 않다면 여전히 정치사회적으로 힌두교 공동체의 한 부분으로 간주되어야 한다고 보았다. 따라서 그는 영국 식민정부가 이들을 별도의 선거인단으로 만드는 것을 막기 위해 죽음을 각오하고 단식투쟁을 벌이면서까지 저항하였다.

이렇게 서로 상이한 두 가지 입장의 타협안이 바로 푸나협약이었다. 협약의 내용은 예비선거제 내지는 2단계 선거제의 도입이다. 그것은 피억압계층을 힌두교도의 일부로 편입하여 일반 선거인단 속에 편입하되, 일정한 수의 피억압계층 출신의 의원을 확보하기 위하여 이 계층 출신만이 입후보할 수 있는 지방의회와 중앙의회 의석을 일정 부분 할당하는 것이었다. 이렇게 할당된 의석의 의원들은 2단계로 나뉘어 선출되도록 하였다. 1단계에서는 오로지 피억압계층의 유권자만이 참여하여 4배수의 후보를 선출하도록 하고, 2단계에서는 이 4배수의 후보를 두고서 다시 해당 선거구의 일반 유권자(피억압계층 포함) 모두가 투표하여 가장 많은 표를 얻은 후보가 당선되도록 하였다. 이 중에서 예비선거 성격의 1단계 선거는 10년 후에 종료하고 의석할당제 자체는 상호 합의하는 날까지 지속한다고 하였다.

여기에 피억압계층의 공직진출을 도모하기 위하여 공직 서비스 진출과 관련해서 피억압계층 출신이라는 이유로 어떠한 불이익도 받지 않도록 하였다. 또한 학력에 따른 자격이라는 제한조건을 달았지만 이들이 공정한 비율을 차지하도록 모든 노력을 강구한다고 명시하였다. 마지막으로 각 지방정부의 교육재정 교부금 중에서 피억압계층의 구성원들에게 교육시설을 마련하도록 적당한 액수의 금액을 책정하여야 한다고 합의하였다.

—최정욱(2013: 553~555)에서 재인용

지정카스트와 더불어 후진계층에 들어가는 또 다른 집단인 지정부족에 관해서 간단히 언급하고자 한다. 앞서 설명한 지정카스트는 과거 힌두교의 카스트 신분 속에 들어가지 않는 카스트 외 족속이었다. 그러나 여전히 이들이 힌두교 관습을 유지하고 그 교리를 따르려고 하였던 반면, 지정부족은 카스트 질서 바깥에 존재할 뿐만 아니라 힌두교의 교리도 따르지 않는 원주민 부족을 의미한다. 이들은 대부분 힌두교인 거주지와 떨어진 산악 지역에 거주하면서 근대적인 문명의 혜택을 받지 못한 채 자신들만의 풍습과 질서를 유지하였다. 논자에 따라서는 이들을 브라만 위주의 아리안족이 인도에 침입하기 전에 있었던 원주민으로서 아리안족에게 동화된 지정카스트와 역사적으로 동일한 종족으로 보기도 한다.

지정카스트와 지정부족에 대해서 인도 정부는 과거의 차별적 대우와 문명으로부터의 소외를 고려하여 각각에 대해 독립 후 신생국 인도의 시민으로 통합하고자 각종 혜택을 주고 있다. 이 2개의 집단처럼 역사적 차별을 심하게 당하였거나, 문명으로부터 소외되지는 않았지만 여전히 기회균등에 기반을 둔 공정한 경쟁을 위해서 인도 정부가 나름의 혜택을 줄 필요가 있다고 여겨지는 나머지 집단들의 집합이 기타후진계층이다.

셋째로 '기타후진계층(other backward classes)'의 보다 정확한 표현은 '기타 사회적으로 그리고 교육적으로 후진인 계층(other socially and educationally backward classes)'이다. 명칭을 통해 알 수 있듯이 사회적인 측면과 교육적인 측면에서 동시에 후진적인 계층을 의미한다. 따라서 이것은 반드시 경제적인 측면의 후진층을 의미하지는 않는다. 엄밀하게 말하면, 소득이 낮거나 빈곤하다는 이유만으로 특별히 우대 혜택을 받는 우리나라의 기초생활수급자와는 상이한 개념이다. 인도 대법원의 판결에 따르면 이것은 또한 교육적으로만 후진이거나(or) 사회적으로만 후진인 계층은 포함될 수가 없다는 의미다. 두 가지 모두의 측면에서 동시에(and) 후진인 계층만이 기타후진계층에 속할 수 있다. 여기서 교육적인 측면에서 후진은 비교적 논란의 여지가 많지 않지만, 사회적으로 후진이라는 용어가 가지는 의미는 심각한 논쟁거리다. 이것은 반대의견에도 불구하고 대체로 카스트적인 측면을 염두에 둔 것으로 이해되는 경향이 강하다. 이런 측면을 반영하여 기타후진계층을 논의할 때 주의할 점은 인도인의 경우 사회적 차별과 빈곤퇴치 문제를 별개의 문제로 간주하는 경향이 있다는 것이다. 이것은 기회균등의 문제를 가난과 연결하지 않으려는 측면이 있음을 의미하기도 한다.

넷째로 기타후진계층이라는 용어의 일부인 후진계층의 반대는 당연히 선진계층(forward classes)이다. 논리적으로는 이렇지만, 후진계층의 여집합이 흔히 생각하듯 상층 힌두카스트 집단과 완전히 동일하지는 않다. 일반적으로 후진 및 선진의 의미는 힌두교도만이 아니라 비힌두교도에게도 적용된다. 선진카스트에는 상층 힌두카스트도 포함이 되지만, 선진 힌두교도는 이와 다르게 과거 수드라 계층 내에서 기타후진계층이 아닌 신분상승이 일어나고 있는 힌두교도에 주로 적용된다. 따라서 과거 힌두 상층카스트는 후진계층에 속할 수가 없다. 그럼에도 불구하고 선진과 후진의 구분이 의미가 있는 이유는 이것이 우대정책의 혜택을 받을 수 있는 기준의 경계가 되기 때문이다. 이 경계선이 지나가는 곳이 바로 과거 하층 힌두카스트인 수드라집단이다. 즉, 상층카스트는 당연히 선진 힌두카스트이기 때문에, 과거 하층카스트인 수드라 집단 내에서 선진 힌두교도와 후진 힌두교도를 구분하는 것이 사회적으로 의미가 있는 것이다. 과거 상층 힌두카스트가 아니면서도 선진 힌두교도인 층이 존재하는데 대표적인 집단이 이른바 지배카스트(dominant castes)다. 이들은 과거 수드라계층이었으나 이들의 사회적 신분은 수드라 층에 준하지 않고 그 이상의 대우를 받고 있는 집단이다. 주로 이러한 신분 대우의 원천은 토지소유에서 비롯된다. 따라서 통상적으로 이들을 부를 때 토지소유 지배카스트(landed or land-owning dominant castes)라는 용어를 사용한다. 이것에 대한 이해를 위해서는 오늘날 변화된 카스트 구조를 먼저 이해하여야 한다.

오늘날에는 전통적인 4개의 바르나 구분보다는 새로운 힌두교도 내의 카스트 구분법이 정치적으로나 사회적으로 너 의미가 있다. 이 새로운 구분법에서 수적으로 미미한 바이샤를 포함한 3개의 재생카스트가 상층카스트(upper castes)라는 하나의 범주를 형성한다. 두 번째 범주로는 상층카스트는 아니지만 사회경제적 자산, 특히 토지를 소유한 지배카스트(dominant castes)가 있으며, 셋째로 기타후진계층(other backward classes)이라는 범주의 일부로 편입된 카스트가 존재한다. 마지막으로 가장 기저층의 힌두교도인 지정카스트의 범주로 나누어진다.4) 이러한 힌두교도 내의 새로운 범주 구분은 과거와 달리 힌두교 교리를 반영한 것이라기보다는 식민지 시대와 독립

---

4) 카스트에 기반을 둔 불가촉천민은 원래 힌두교의 개념이지만, 이 범주에 들어가는 것은 힌두교도만이 아니다. 나중에 불가촉천민의 다른 이름인 지정카스트에 불교도와 시크교도들도 정치적으로 여기에 포함되었다. 한편 기타후진계층의 경우 반드시 카스트만을 기준으로 정의하는 것이 아니기 때문에 종교적으로 보면 심지어 이슬람교도들도 여기에 포함될 수 있다.

이후 정치과정과 사회경제적 변화에 따라 일어난 힌두교도 집단 내의 부침과 분열을 새롭게 표현한 것이다(최정욱, 2013).

다섯째, 인도 정부가 기타후진계층에 대해서 혜택을 주고 있지만, 사실상 이들을 규정하는 기준이 전국적으로 동일한 것은 아니다. 연방의 각 주마다 서로 다른 위원회를 구성하여 약간씩 다른 기준으로 기타후진계층의 명부를 작성하고 있다. 또한 중앙정부는 중앙정부대로 별도의 위원회를 통해 전국적인 명단을 작성한 바가 있다(Dhavan, 2008: 208~217). 여기서 하나의 집단이 중앙정부가 주는 혜택을 받기 위해서는 주의 명단과 중앙정부의 명단에 동시에 올라와 있어야 한다. 이른바 동시지정 혹은 동시등재의 원칙(principle of commonality)이다.

오늘날 인도 중앙정부의 기타후진계층에 대한 정의는 제2차 후진계층위원회인 만달위원회(Mandal Commission)의 정의를 따른다(Government of India volume 1, 1980: 52~53). 이 만달위원회는 11개의 지표를 가지고 사회적으로 후진인 동시에 교육적으로 후진인 계층을 결정한다. 이 11개의 지표는 크게 3개의 범주로 나뉘는데, 그것은 각각 사회, 교육 그리고 경제 범주이다.

첫 번째 사회적 지표의 범주에는 다음 (1)에서 (4)까지의 지표가 들어가고 각 지표에 3점(point)을 부여한다. 그리하여 사회적 지표의 범주에서 얻을 수 있는 후진성의 총점은 12점이다.

(1) 다른 카스트나 계층에 의해서 사회적으로 후진하다고 생각되는 카스트나 계층

(2) 생계를 위해서 주로 단순 육체노동(manual labor)에 의존하는 카스

트나 계층

(3) 농촌에서는 17세 이하의 나이에 결혼하는 여성이 해당 주의 평균값보다 적어도 25%를 상회하고 동일한 비율이 남성의 경우에는 10% 이상을 상회하며 도시 지역에서는 여성이 적어도 10% 이상 높고, 남성이 5% 이상 높은 카스트나 계층

(4) 여성이 일하고 있는 비율이 해당 주의 평균값보다 적어도 25% 이상 상회하는 카스트나 계층

교육적 지표의 범주에는 다음 (5)~(7)까지 3개의 지표가 들어가고 각 2점씩 배정하여 최대 6점을 받을 수 있다.

(5) 한 번도 학교를 다닌 적이 없는 5~15살의 연령층에 있는 아이들의 수가 해당 주 평균보다 적어도 25% 이상 높은 카스트나 계층

(6) 5~15살 연령대의 학생들의 학업 중도 포기 비율이 해당 주 평균보다 적어도 25% 이상 높은 카스트나 계층

(7) 10학년까지 이수한 학생(matriculation)의 비율이 해당 주 평균보다 적어도 25% 이상 낮은 카스트나 계층(인도의 교육시스템은 〈글상자 2-4〉 참조)

경제적 지표의 범주에는 다음 (8)~(11)까지 4개의 지표가 들어가고 여기에는 각기 1점씩 배당하여 최고 4점을 부여한다.

(8) 가족 자산의 평균치가 해당 주의 평균보다 적어도 25% 이상 낮은 카스트나 계층

(9) 꾸짜(kutcha, kucca) 주택[견고하지 못한 주택이라는 의미로 견고한 주택인 뿌까(pucca)에 반대되는 말]에 사는 가족의 총 수가 주 평균보다 적어도 25% 이상 높은 카스트나 계층

(10) 식수의 원천이 500미터 이상 떨어져 있는 가구가 50% 이상인 카스트나 계층

(11) 소비자대출을 한 가구의 수가 주 평균보다 적어도 25% 이상 높은 카스트나 계층

〈글상자 2-4〉 인도의 교육시스템

인도의 교육시스템은 식민지의 영향으로 인해 영국의 것을 따른다. 초등교육(primary education)은 1학년부터 5학년까지이고, 6세부터 11세까지의 학생들을 대상으로 한다. 학년은 지역에 따라 차이가 있지만 대체로 4월에 시작하여 다음 해 3월에 끝이 난다. 상급초등교육(upper primary)은 6학년부터 8학년까지이고, 11세부터 14세의 연령대의 학생들이 수학한다. 8학년까지는 헌법으로 보장된 무료 의무교육과정이지만 현실은 그렇지 못하다. 실제로는 해당 연령대의 아이들 중 평균 70% 정도만 학교를 다닌다. 교육과정 중 특이한 것은 전국통합과정에 따라 1학년부터 5학년까지는 하나의 언어만 배우는데, 공용어인 힌디나 영어가 아닌 출생 언어나 지역 언어를 배운다는 점이다. 6학년이 되어서야 비로소 지역 언어와 힌디, 영어 등 세 가지 언어를 배운다. 하지만 많은 주에서 실제로는 3학년이 되면 영어를 제2언어로 배우기 시작한다.

중등교육(secondary education) 과정은 9학년부터 12학년을 가리키며, 연령대는 14~17세까지를 대상으로 한다. 여기서도 정부가 운영하는 학교의 교육은 무료이지만 대부분의 학생들은 수업료가 천차만별인 사립학교에 다닌다. 이 중급과정은 그 안에서 9학년과 10학년을 대상으로 하는 중등단계(secondary stage)와 11학년과 12학년을 대상으로 하는 상급중등교육(upper senior secondary education)과정으로 나뉜다. 중등단

계에서 비로소 3개의 언어 이외에 산스크리트어나 중국어, 불어, 독어 등 다른 외국어를 선택으로 배우게 된다. 10학년과 12학년을 마치고 교육인증시험을 보는데 이 두 시험은 매우 중요하다. 학생들은 10학년을 마치면서 인증시험을 통과하면 인도중등교육인증서(Indian Secondary School Certificate)를 받는다. 대부분의 학생들이 여기서 학업을 그만두게 되는데 대체로 나이는 15세다. 10학년 과목시험에서의 성적을 바탕으로 학생들은 대학을 들어가기 전 단계인 2년 과정의 상급중등교육과정에 들어가게 된다. 이 상급중등교육과정은 과학중점과정(science stream), 상업중점과정(commerce stream) 그리고 인문중점과정(humanities/arts)으로 구분되는데, 과학과정이 가장 높은 입학점수를 필요로 한다. 이 과정에 들어가는 학생들은 주로 의대나 공대 진학을 목표로 한다. 상급중등교육과정은 고등학교에서 제공하기도 하지만 별도로 설치된 2년 과정의 전문대학(junior colleges)에서도 한다. 또한 위의 3가지 과정 이외에 상급중등과정에서는 직업교육과 기능교육을 선택으로 제공한다. 이 상급중등교육 12학년을 마친 다음에 학생들은 다시 고급중등인증서(Higher Secondary Certificate)를 위한 시험을 보게 된다. 이 시험은 일종의 대학입학시험과 같은 기능을 수행한다. 의대나 공대 그리고 법대의 경우에는 이 시험뿐 아니라 학교별로 별도의 입학시험을 추가로 보게 된다. 이러한 10+2단계를 거친 학생들은 고등교육과정, 즉 대학과정(tertiary/higher education)에 진입하게 된다.

—Cheney, Ruzzi and Muralidharan(2005)

지금까지 열거한 (1)~(11)까지 전체 11개의 지표를 통합하면 총 22점이 나오는데 이 중 11점 이상을 얻은 카스트나 계층은 어느 것이든 기타후진계층으로 간주한다. 이 지표의 특징은 세 범주의 지표가 동등한 비중을 가지고 있지 않다는 것이다. 사회적 범주의 지표들의 합만으로 기타후진계층의 판정을 받을 수 있지만, 교육적 지표들의 합이나 경제적 지표들의 합 각각이나, 이 2개 범주의 합계만으로는

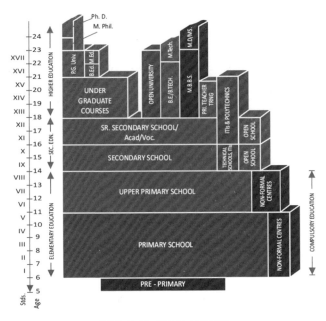

〈그림 2-2〉 인도의 교육체계

출처: "Higher Education in India at a Glance", University Grants Commission, June 2013.

기타후진계층 판정을 받을 수가 없다. 경제적 범주가 가장 낮은 비중을 차지하고, 교육적 범주가 그것의 1.5배를 차지하고 있으며, 사회적 범주는 교육적 범주의 2배를 차지하고 있다. 그만큼 카스트의 속성에 가장 근접한 사회적 지표들에 비중을 많이 두고 있다.

두 번째 특징은 어느 지표이든 카스트의 외연적인(혹은 비본질적인) 특성을 언급하는 것을 제외하면 카스트 자체를 규정하는 내적인 속성과는 무관하다는 것이다. 카스트에 대한 규정은 별도로 이미 존재하는 것으로 전제한다. 즉, 후진성을 판단하는 단위 집단의 경계선은 이미 이 지표와는 무관하게 존재하는 것으로 간주한다. 계층이라고 하지만 이것은 사회학에서 말하는 마르크스의 계급과 무관하며 이 역시 별도의 기준으로 단위 경계선을 확정하여야 한다. 다시 말하면 어떤 사람들의 후진성을 판단하기 이전에 우선 이들이 하나의 단위계층을 형성하는지부터 먼저 판별하여야 한다. 이것은 별도의 작업이고 주로 카스트 소그룹인 자띠(jati) 경계선을 기준으로 하지만 매우 모호하다는 문제점을 가지고 있다.

또한 오늘날 인도가 아닌 지역에서 일반적으로 여성의 높은 경제 참여율은 선진 지표로 간주된다. 선진국일수록 여성의 경제참여율이 높은 편이지만, 반대로 인도에서는 이것이 후진성을 나타내는 지표로 간주된다. 이것은 인도사회가 가지는 특이성을 나타내는 것이다. 하층계층일수록 개인별 소득이 낮아 가족성원 모두가 노동을 하여야 하는 경향이 있다. 이로 인해 하층계층의 여성은 가족의 생계를 위하여 일자리로 내몰리게 된다. 반면 과거 상층카스트 여성의 경우 전통적으로 사회적 활동의 제한(seclusion of women)을 받고 살아왔다. 물론 인도의 현대 첨단직업분야에서 나타나는 고학력 맞벌이 부부들은 예외적인 경우다.

마지막으로 교육적으로 후진인 동시에 사회적으로 후진인 계층이 기타후진계층임에도 불구하고 만달위원회는 비록 가장 낮은 비중을 부여하지만 여전히 경제적 범주의 지표를 후진계층을 규정하는데 포함하고 있다. 이것은 추후 경제적 지위와 기타후진계층 간의 관계 설정에 복잡한 논란의 여지를 남겨 두게 된다. 또한 경제적 범주의 지표와 사회적 범주의 지표 분류에 있어서 보편적이지 않은 점이 존재한다. 보기에 따라서 경제적 범주의 지표라기보다는 사회적 범주의 지표에 속하는 것이 보다 보편적일 수 있으며, 그 반대의 경우도 존재한다. 예를 들어, 식수에 대한 접근성 문제는 보기에 따라서 사회적 범주의 지표일 수도 있다. 또한 만달위원회가 사용한 경제적 범주의 지표를 보면, 통상적으로 말하는 소득은 직접적으로 지표에 포함되지 않고 자산을 기준으로 하고 있다. 하지만 다른 개

**〈표 2-01〉 인도 인구의 카스트와 종교집단별 분포도(1971)**

| 집단/범주 이름 | 총 인구의 비중(%) |
|---|---|
| **(I) 지정카스트와 지정부족** | |
| A-1 지정카스트 | 15.05 |
| A-2 지정부족 | 7.51 |
| 부분합(A) | 22.56 |
| **(II) 비힌두 종교공동체, 종교집단 등** | |
| B-1 회교도(지정부족 제외) | 11.09(0.02) |
| B-2 기독교도(지정부족 제외) | 2.16(0.44) |
| B-3 시크교도(지정부족과 지정카스트 제외) | 1.67(0.22) |
| B-4 불교도(지정부족 제외) | 0.67(0.03) |
| B-5 자인교도 | 0.47 |
| 부분합(B) | 16.16 |
| **(III) 선진힌두 카스트와 공동체** | |
| C-1 브라민(부미하르 포함) | 5.52 |
| C-2 라즈풋 | 3.90 |
| C-3 마라사 | 2.21 |
| C-4 자트 | 1.00 |
| C-5 바이샤-바니아 등 | 1.88 |
| C-6 카야스사 | 1.07 |
| C-7 기타 선진 힌두카스트/집단 | 2.00 |
| 부분합(C) | 17.58 |
| **부분합(A+B+C)** | **56.30** |
| **(IV) 후진 힌두카스트와 공동체** | |
| D. 기타 후진계층에 속하는 나머지 힌두카스트/집단 | 43.70 |
| **(V) 후진 비힌두 공동체** | |
| E. B범주에 들어가는 종교집단 중 52% | 8.40 |
| F. 비힌두 공동체를 포함한 기타 후진계층의 추정총합(=D+E) | 52.00 |

기타 후진계층(F)을 다시 2개의 하위 집단으로 구분할 것을 제안함.
(a) 중간 수준의 후진계층(intermediate backward classes)
(b) 피억압 받는 후진계층(depressed backward classes)

출처: Mathur(2004: 132~133).

별 주의 경우에는 소득을 기준으로 하는 경우가 많다.

이렇게 정의한 기타후진계층이 인도 인구 중에서 도대체 얼마나 되는 것일까? 이것은 물론 기준을 어떻게 정하느냐에 따라서 변동 폭이 심하다. 하지만 1971년 만달위원회가 작성한 분포도에 따르면 기타후진계층은 인도 전체 인구의 약 52%에 이른다고 추정하였다. 이것은 전체 인구의 절반을 초과하는 엄청난 수치다. 이 인구뿐 아니라 지정카스트나 지정부족을 합하면 10억이 넘는 인구 가운데 74% 이상이 국가의 특별한 보호를 필요로 한다는 의미가 된다. 구체적으로 보면, 지정카스트와 지정부족이 전체 인구의 약 22.56%를 차지하고, 힌두교도로서 기타후진계층에 속하는 인구가 전체 인구의 약 43.7%다. 또한 힌두교도가 아닌 다른 종교집단 인구의 절반이 기타후진계층에 속하는데 이들이 전체 인구의 8.4% 정도라고 추정한다.

인도 정부는 영국 식민지 당시 실시한 1931년 인구조사를 마지막으로 지정카스트와 지정부족을 제외한 카스트를 인구조사 범주에 포함하지 않았다.[5] 따라서 위에서 행한 만달위원회의 기타후진계층 수치도 전국 인구조사 결과가 아닌 기타 자료에 기반을 둔 추정치다. 2014년 초 현재 인도 정부는 여전히 카스트 신분의 민감성을 고려하여 인구조사에 카스트를 조사 범주에 넣지 않고 있다. 하지만 외부기관에 위탁하여 카스트의 인구구성에 관한 정부 차원의 조사는 행한 바 있다. 이 자료는 현재 정리되어 있는 상태이지만, 아직

---

5) 인구조사와 카스트 문항과 관련하여서는 Rath(2011) 참조. 다양한 집단의 요구로 인하여 독립 이후 처음으로 2011년 인구조사에 카스트 문항을 추가하기로 하였으나, 이 결정은 최종 순간에 철회되었다. 인구조사항목에 들어가지는 않았으나 현지 관련 공무원의 확인에 따르면 내무부 산하의 Registrar General Office 주관으로 다른 방식의 조사는 실시된 것으로 보인다.

외부에 공개하지 않고 있다.

가장 최근의 인도 정부자료를 보면, 인도 정부는 표본조사를 통하여 그간 사회통계에서 간접적으로 추정한 기타후진계층의 인구구성을 전국적으로 41.7%에 해당한다고 발표한 바 있다. 이 추정에 따르면, 농촌인구의 42.6%가 기타후진계층이고, 도시인구의 39.4%가 기타후진계층이다. 하지만 일반 (비후진) 카스트의 경우, 농촌인구의 24.6%, 도시인구의 43.2%를 차지하여 농어촌별로 최대 인구집단이 서로 바뀌게 된다.

〈표 2-02〉 2009~2010년 인도의 사회집단별 인구구성 비율

(단위: %)

|  | 지정카스트 | 지정부족 | 기타후진계층 | 나머지 |
|---|---|---|---|---|
| 농촌 | 21.9 | 10.9 | 42.6 | 24.6 |
| 도시 | 14.5 | 2.8 | 39.4 | 43.2 |
| 전국 | 19.9 | 8.7 | 41.7 | 29.7 |

자료: Ministry of Social Justice & Empowerment(2013: 20).

인도 정부의 기타후진계층에 대한 정확한 추정치와 관계없이 현재 인도 정부는 기타후진계층의 명단을 가지고 있다. 이 명단은 신규집단이 추가되는 경향이 있어서 끊임없이 변하지만 2013년 3월 현재는 다음 표와 같다. 전국적으로 기타 후진집단으로 분류된 2,343개의 집단이 존재한다. 주별 분포도는 차이가 심하며, 어떤 주는 기타후진계층이 한 집단도 존재하지 않는 반면에 어떤 주는 200개가 넘기도 한다. 우리가 관심을 갖고 있는 안드라 프라데쉬 주의 경우는 100개가 넘는 집단이 중앙정부가 인정한 기타후진계층으로 등록되어 있다.

### 〈표 2-03〉 중앙정부 명부에 등재된 주별 기타후진계층 집단의 수(2013년 3월 31일 현재)

(단위: 개)

| 주/연방령 이름 | |
|---|---|
| Andhra Pradesh | 105 |
| Arunachal Pradesh | 0 |
| Assam | 28 |
| Bihar | 131 |
| Chattisgarh | 67 |
| Goa | 16 |
| Gujarat | 104 |
| Haryana | 73 |
| Himachal Pradesh | 52 |
| Jammu & Kashmir | 21 |
| Jharkhand | 127 |
| Karnataka | 193 |
| Kerala | 83 |
| Madhya Pradesh | 75 |
| Maharashtra | 255 |
| Manipur | 4 |
| Meghalaya | 0 |
| Mizoram | 0 |
| Nagaland | 0 |
| Orissa | 198 |
| Punjab | 65 |
| Rajasthan | 68 |
| Sikkim | 9 |
| Tamil Nadu | 180 |
| Tripura | 43 |
| Uttar Pradesh | 76 |
| Uttrakhand | 78 |
| West Bengal | 62 |
| Andaman & Nicobar Islands | 5 |
| Chandigarh | 59 |
| Dadra & Nagar Haveli | 10 |
| Daman & Niu | 44 |
| Delhi | 54 |
| Lakshadweep | 0 |
| Pondicherry | 58 |
| 총 합계 | 2,343 |

출처: Ministry of Social Justice and Empowerment(2013: 251).

위에서 언급한 중앙정부의 기타후진계층에 대한 정의는 각 주의 기타후진계층 규정에 그대로 원용되지는 않는다. 주 별로 기준이 조금씩 상이하기 때문에 주에서 인정하는 기타후진계층의 명단이 중앙정부의 명단과 반드시 일치하는 것이 아니다. 여기서는 안드라 프라데쉬의 경우를 살펴보고자 한다.

안드라 프라데쉬 주의 경우, 우선 지적해야 하는 것은 중앙정부가 기타후진계층이라고 부르는 계층을 단순히 후진계층이라고 칭한다는 점이다. 서로 이름이 다르지만 동일한 범주를 나타낸다. 주 정부 산하 기관의 부서명을 보면 지정카스트와 지정부족의 경우 후진계층과 뚜렷하게 구별하여 별도의 범주로 적시하고 있다. 이 주의 경우 중앙정부의 위원회와는 별도로 자신들만의 후진계층위원회를 구성하여 주의 특성에 맞게 후진계층을 정의하고 있다. 2009년 안드라 프라데쉬 후진계층위원회 보고서는 특정 카스트나 공동체가 후진계층인지 아닌지를 판단하기 위하여 5가지 기준을 제시하고 있다. 그것은 각 공동체의 사회적 지위, 교육적 지위, 고용 지위, 경제적 지위 그리고 정치적 지위를 검토하는 것이다.[6] 차례대로 보면 다음과 같다.

### 1) 사회적 후진성

사회적 후진성을 결정하기 위해서는 종사하고 있는 전통적인 직업,

---

[6] 여기서의 논의는 2008~2009년 기간에 발표한 안드라 프라데쉬 후진계층위원회의 보고서에 기반하고 있다. 보고서 전문은 다음 링크를 참조하기 바란다.
http://www.aponline.gov.in/APPORTAL/Departments/BC%20Welfare%20Reports/PDFS/2008-2009/REPORT%20OF%20ARAVA.pdf

그 직업에 대한 스스로의 인식, 다른 사람들에 의한 직업의 대우, 사회적 차별, 부문별 분포도(sectoral distribution)와 다른 요소들, 예를 들면 꾸짜나 움막에의 거주 여부, 전화, 전기, 화장실, 식수와 같은 편의시설이 거주지 주변에 있는지의 여부, 아동결혼, 과부결혼, 이혼, 아동노동과 같은 사회적 관습이 팽배 또는 행해지고 있는지의 여부 등을 검토한다.

### 2) 교육의 후진성

교육의 후진성을 검토하기 위해서는 안드라 프라데쉬 주 전체의 문자해독률과의 비교 문자해독률, 10학년 인증서 취득비율, 학업 중도 포기율 등을 고려한다.

### 3) 고용의 후진성

고용의 후진성과 관련해서는, 조사 대상 공동체의 고용비율이 정부 서비스 부분에서 1% 혹은 그 이하이거나, 사유 부문에서 고용 비율이 2% 혹은 그 이하이거나, 공동체의 여성노동력의 50%나 그 이상이 경제활동에 종사하거나, 농업노동과 비농업노동에 종사하는 공동체 총 노동자의 인구비율이 안드라 프라데쉬 주 총 노동자의 인구비율과 같거나 그 이상일 경우 고용의 후진성이 존재한다고 판단한다.

### 4) 경제적 지위

경제적 지위와 관련하여 위원회는 농촌공동체 구성원의 절대다수가 가구당 빈곤선, 즉 연간소득 18,000루피 아래에 놓여 있는지 혹은 도시 공동체 구성원의 절대다수가 가구당 빈곤선인 연간소득 24,000루피 아래에 놓여 있는지, 혹은 농촌공동체의 절대다수가 1인당 평균소득이 연간 3,750루피 아래인지 혹은 도시공동체의 절대다수가 1인당 평균소득이 연간 5,000루피 아래인지를 고려한다.

### 5) 정치적 지위

가구 실태조사가 이루어진 지역에서 해당 카스트의 성원 아무도 판차얏 선거 구역에서 당선되지 않았다면 해당 카스트 공동체의 정치적 지위가 낮은 것으로 보고 가중점수를 부여한다.

안드라 프라데쉬 위원회의 후진성에 대한 기준은 만달위원회의 기준보다 세부 내용이 많으나, 각 기준별로 비중을 전혀 제시하지 않고 있다.[7] 따라서 이것이 개별 사례에 어떻게 적용이 되는지 알기가 어렵다. 위원회 사무직 간부와의 인터뷰에서도 이것은 구체적인 규정으로 명시되어 있지 않기 때문에 각종 조사 자료를 바탕으로 후진위원회 위원들이 상황에 따라 판단하는 것으로 드러났다. 이에 대해 위원회는 유일한 가이드라인으로써 "만달위원회에서 제시한 원칙을 채택하고 수집 가능한 자료를 카스트별로 검토한다. 또한 대법원(apex court)의 여러 결정에서 표명된 원칙들을 따른다"고만 모호하게 적고 있다. 만달위원회와의 차이점 중 하나는 자산이 아닌 소득을 가지고 경제적 후진성을 따진다는 것과 정치적 지위라는 전혀 새로운 변수를 넣었다는 것이다. 추가로 안드라 프라

---

7) 위원회가 외주한 연구팀은 사회적 지위에 40%, 교육적 지위에 30%, 경제지위에 20%, 그리고 정치력 강화에 10%를 할당하여 선진 지수(index of forward)를 설정하였다. "Lessons from a Survey", *Frontline* 17(18), September 2~15, 2000, http://www.frontline.in/static/html/fl1718/17180920.htm 참조.

데쉬 위원회는 만달위원회보다 카스트적인 속성에 강한 방점을 두고 있다. 이것은 자띠의 가장 중요한 요소 중의 하나인 전통적인 직업을 살펴보는 것을 통해 알 수가 있다. 실제로 여기서 말하는 후진계층의 단위는 카스트 집단인 자띠인 경우가 많다.

이러한 정의에 따라 안드라 프라데쉬 주 후진계층의 인구분포도를 살펴보면, 전체 인구 중에서 약 43.16%가 기타후진계층으로 추정되고 있다. 이것은 주의 후진계층위원회가 추정한 2009년 인구동향에 따른 것이다. 자세히 보면, 안드라 프라데쉬 주의 경우 최근에 별도로 하나의 범주를 추가하기 전까지는 후진계층을 다시 4개의 하위 범주로 나누어서 관리하고 있었다. 그것은 각각 A, B, C 그리고 D집단(group)으로 불리는데, 집단 A는 원주민 부족, 유목 및 준유목 부족 그리고 과거 범죄(denotified or criminal) 부족이 이 범주에 들어간다. 한 마디로 과거에 사회적으로 하대받던 서비스 직종에 종사하던 가장 후진인 집단이 여기에 속하는 것이다. 이 범주에 속하는 부족은 52개에 이르고 2009년 기준으로 추정하면 전체 인구의 11.88% 정도가 된다고 본다. 집단 B는 직업상(vocational) 후진 계층으로 분류된 집단으로 주로 공작이나 직물류를 만들던 직업군이 여기에 속한다. 여기에는 26개의 집단이 속하고 전체 인구의 약 14.32%로 추정된다. 집단 C(harijan converts)는 1개의 집단으로 지정카스트이지만 힌두교도가 아니며 기독교로 개종하였거나 그 자손을 포함한다. 이처럼 개종한 하리잔은 전체 인구의 0.15%에 불과하다. 지정카스트의 경우 공식적으로 정부의 혜택을 받기 위해서는 힌두교도로 남아 있어야 하거나, 개종하더라도 유사한 종교인 불교도이거나 시크교도여야 한다. 만약에 이들이 기독교나 이슬람교로 개종한다면 이들은 헌법상으로 보장된 지정카스트의 신분을 잃게 된다. 하지만 이들이 개종한다고 해서 특별히 신분상의 변동이나 사회경제적 지위의 변동이 동시에 일어나는 것은 아니기 때문에 후진성은 여전히 피할 수가 없다. 이들을 위해 만들어 놓은 후진계층의 범주가 개종한 하리잔 범주다. 마지막으로 기타 계층인데 이들은 주로 농업에 종사하는 경작층에 속한다. 46개의 집단이 여기에 속하는데 이들은 위의 3가지 범주 어디에도 속하지 않는 계층이며, 전체 인구의 16.81%에 이른다.

〈표 2-04〉 안드라 프라데쉬 주의 기타후진계층 인구비율

(단위: 명, %)

|  | 2000년 가구조사인구(명) | 2009년 추정인구(명) | 2009년 총 인구비율(%) |
|---|---|---|---|
| 집단 A | 8,034,410 | 9,920,607 | 11.88 |
| 집단 B | 10,093,919 | 11,957,921 | 14.32 |
| 집단 C | 112,196 | 124,895 | 0.15 |
| 집단 D | 11,299,291 | 14,036,304 | 16.81 |
| 합(A+B+C+D) | 29,539,816 | 36,039,727 | 43.16 |

출처: Andhra Pradesh Commission for Backward Classes,
http://www.aponline.gov.in/APPORTAL/departments/BC%20Welfare%20Reports/BC-
Projected%20figures-final.xls

안드라 프라데쉬 주는 기존의 4개 범주의 후진계층에 더하여 2007년 주정부령으로 새로운 후진계층 범주(Group E)를 신설하였다. 하지만 이는 법원에 제소된 상태이고, 2010년 3월 대법원의 임시판결에 따라서 최종 판결이 날 때까지 이들 집단에 대한 공직과 교육 시설에 대한 할당을 하도록 하였다. 이 범주는 회교도 중 사회적-교육적 후진 계층으로 명명되었다(G. O. Ms. No. 23, Backward Classes Welfare(C2), 2007년 7월 7일). 이 집단에는 전체 회교도 집단 중 열위층에 속한다고 분류된 총 14개의 회교도 집단이 소속되어 있다. 이

집단에 대한 주 전체 인구비율의 통계자료는 아직 없다.[8]

한편 정부자료는 아니지만 추가로 안드라 프라데쉬 주의 후진계층비율에 관한 추정치와 관련된 의미 있는 자료가 존재한다. 앞의 정부 추정치가 단순히 후진계층의 인구비율만 추정하고 있는 반면, 이 자료에서는 안드라 프라데쉬 주에 존재하는 전체 카스트 집단별 인구비율을 추정한 다음, 후진카스트 집단의 비율을 합산하여 전체 후진카스트 인구비율을 추정한다. 이 추정치에 따르면 후진카스트의 비율은 약 46%고 선진카스트의 비율은 약 29%다. 나머지는 지정카스트나 종교적 소수집단으로 되어 있다고 추정한다〈표 2-05〉 참조).

이러한 추정치 중 어느 것이 사실에 가까운지는 전체 카스트별 인구조사가 이루어질 때까지 기다려야 할 것이다. 이러한 후진계층에 대한 전체 인구조사는 중앙정부 차원이든 안드라 프라데쉬 주 차원이든 아직까지 이루어진 적은 없다.

〈표 2-05〉 안드라 프라데쉬 주의 카스트별 인구구성: 람 레디(Ram Reddy)의 추정치

(단위: %)

| 카스트 이름 | 인구비율 | 부분합 |
| --- | --- | --- |
| Brahmin | 3.0 | |
| Kapu | 15.2 | |
| Kamma | 4.8 | |
| Komati | 2.7 | |
| Kshatriya | 1.2 | |
| Velama | 3.0 | |
| | | Forward Castes 29.9--- |

---

8) 주 전체의 회교도 비율은 2011년 인구조사에서 전체 인구 7,620만여 명 중에서 699만여 명(9.17%)이다. "C-Series Population by Religious Communities", http://censusindia.gov. in/Census_Data_2001/Census_data_finder/C_Series/Population_by_religious_commun ities.htm. 또한 Aniket Alam, "Quota for Muslims", *Frontline* 21(17), August 14~27, 2004 참고.

| 카스트 이름 | 인구비율 | 부분합 |
|---|---|---|
| Balija | 3.0 | |
| Boya/Besta | 0.7 | |
| Chakali | 4.2 | |
| Devanga | 2.1 | |
| Dudekula | 0.4 | |
| Goundla | 2.0 | |
| Gavara | 0.4 | |
| Golla | 6.3 | |
| Ediga | 1.0 | |
| Jangam | 0.4 | |
| Kammara/Viswabrahman | 2.1 | |
| Kummari | 0.9 | |
| Kurma | 1.3 | |
| Munnurukapu | 0.8 | |
| Mangali | 1.3 | |
| Mutrasi | 3.3 | |
| Sale | 2.9 | |
| Telaga | 5.2 | |
| Uppara | 0.6 | |
| Vaddera | 1.8 | |
| Others | 5.4 | |
| | | BC Population 46.1--- |
| Madiga | 7.3 | |
| Mala | 9.7 | |
| | | SC Population 17.0--- |
| Muslims/Christians | 7.0 | |
| | | Minorities 7.0--- |
| 총합 | 100 | 100 |

출처: Venkatesu(2003), Appendix-4에서 재인용.


## 2. 기타후진계층의 사회경제적 현황

인도 정부는 전체 후진계층에 대한 인구조사가 없음에도 불구하고 표본조사를 통하여 그들의 사회적 지위를 추정해 왔는데, 이러한 추정작업으로 우리가 알 수 있는 것은 그들의 생활상과 관련된

다양한 지표들이다. 이러한 지표들에는 문자해독률, 토지보유현황, 운영하는 사업체 수, 고용형태, 가구당 소비 지출 등이 포함된다.

우선 기타후진계층의 문자해독률을 보면, 농촌과 도시 지역에 따라서 차이가 난다. 하지만 그들의 사회적 지위를 그대로 반영하여 대체로 일반카스트보다는 낮고 지정부족이나 지정카스트보다는 높다. 2009~10년 자료에 따르면, 이 사회집단의 문자해독률은 농촌의 경우 67.9%고 도시의 경우 82.2%다. 도시와 농촌 모두 문자해독률은 전국 평균보다 조금 낮다. 하지만, 문자해독률로 미루어 볼 때, 이 집단은 지정부족이나 지정카스트보다는 교육 부문에서 상대적으로 우월한 지위를 누리고 있음을 알 수 있다(〈표 2-06〉 참조).

농촌 지역에서 주요한 생계수단이 되는 토지의 소유를 보면, 기타후진계층이 전통적으로 상당수가 경작을 직업으로 하던 수드라 층임을 감안할 때, 지정카스트에 비하여 농지보유 구조가 확실히 좋은 편이고, 심지어 일반카스트에 비해서도 현저히 나쁘다고 말할 수 없다. 일반카스트의 경우 1헥타르 이상의 토지를 보유하고 있는 가구가 같은 집단 전체의 24.9%인 데 반해, 기타후진계층은 전체의

〈표 2-06〉 인도 사회집단별 5세 이상 인구의 문자해독률

(단위: %)

| 농촌 지역 | | | | | |
|---|---|---|---|---|---|
| | 지정카스트 | 지정부족 | 기타 후진계층 | 나머지 | 전체 |
| 인도 전체 | 62.3 | 61.5 | 67.9 | 76.7 | 68.2 |
| 안드라 프라데쉬 | 53.5 | 48.5 | 58.2 | 70.4 | 59.2 |
| 도시 지역 | | | | | |
| | 지정카스트 | 지정부족 | 기타 후진계층 | 나머지 | 전체 |
| 인도 전체 | 76.4 | 80.4 | 82.2 | 90.0 | 84.8 |
| 안드라 프라데쉬 | 71.8 | 69.9 | 97.6 | 85.9 | 81.0 |

출처: Ministry of Social Justice & Empowerment(2013: 114~115).

20.6%다. 사회적으로 가장 기저층에 놓여 있는 힌두카스트인 지정 카스트의 경우에는 1헥타르 이상을 보유하고 있는 가구가 7.9%에 불과하다. 토지보유가 전혀 없는 가구의 비율의 경우 일반카스트의 경우 7.9%, 기타후진계층의 경우 8.0%, 그리고 지정카스트의 경우 8.6% 순이다(〈표 2-07〉 참조).

〈표 2-07〉 인도 농촌 지역에서의 보유토지 크기에 따른 사회집단별 가구의 분포도

(단위: %, 토지 보유크기 단위: 헥타르(ha))

| 토지 보유크기 | 지정부족 | 지정카스트 | 기타후진계층 | 나머지 | 전체(무응답 포함) |
|---|---|---|---|---|---|
| 0.000 | 10.1 | 8.6 | 8.0 | 7.9 | 8.3 |
| 0.001~0.004 | 13.8 | 16.0 | 10.8 | 8.3 | 11.7 |
| 0.005~0.400 | 32.8 | 55.4 | 43.9 | 41.9 | 44.8 |
| 0.410~1.000 | 19.8 | 12.1 | 16.7 | 17.0 | 16.1 |
| 1.010~2.000 | 13.0 | 4.7 | 10.5 | 11.2 | 9.7 |
| 2.010~4.000 | 8.3 | 2.4 | 7.0 | 8.7 | 6.5 |
| 4.01 이상 | 2.2 | 0.8 | 3.1 | 5.0 | 3.0 |
| 전체 | 100.0 | 100.0 | 100.0 | 100.0 | 100.0 |

주) 0.000 헥타르의 토지를 소유한 가구는 0.001헥타르 미만의 토지를 소유한 가구와 토지 소유에 관한 정보가 없는 가구를 모두 포함하고 있다.
출처: Ministry of Social Justice & Empowerment(2013: 135).

토지 이외에 인도 가구의 주요한 소득창출기반은 사업체를 운영 하거나 노임을 받는 것이다. 사업체 운영과 관련하여 기타후진계층 의 경우를 보면, 지정카스트와는 비교가 안될 만큼 우위의 입장에 놓여 있는 반면 일반카스트에 비해서는 약간 모자라는 수준이다. 2006~2007년 전체 등록 및 무등록 사업체 중에서 기타후진계층이 운영하는 업체는 전체의 약 40%다. 이는 일반카스트 집단이 약 44% 의 사업체를 운영하고 있는 것에 비하여 약 4% 부족한 편이지만, 지정카스트의 비중인 7.88%와 비교하면 압도적으로 높은 편이다.

기타후진계층의 경우 비즈니스 부문에서는 적어도 일반카스트와 크게 다를 바 없이 자체 경쟁력을 갖추고 있는 것으로 보인다. 다만, 등록업체가 일반카스트와 10% 이상 차이가 나는 것은 우려할 만한 점이다. 다른 각도에서 보면, 기타후진계층의 경우 사업체를 많이 운영하고 있지만, 등록업체에 비해 무등록업체가 16.52배나 많다. 이것은 일반카스트의 경우인 13.32배인 것에 비하여 높은 편이며, 심지어 지정카스트의 경우인 16.28배보다도 높은 것이다(〈표 2-08〉 참조).

〈표 2-08〉 인도 사회집단별 사업체의 수: 2006~2007년

(단위: 10만개, %)

| 사회집단 | 수(단위 10만 개) | | | 비율(%) | | |
|---|---|---|---|---|---|---|
| | 등록 | 무등록 | 합 | 등록 | 무등록 | 합 |
| 지정카스트 | 1.19 | 19.38 | 20.57 | 7.61 | 7.89 | 7.88 |
| 지정부족 | 0.45 | 7.82 | 8.27 | 2.88 | 3.19 | 3.17 |
| 기타후진계층 | 5.99 | 98.96 | 104.95 | 38.30 | 40.31 | 40.19 |
| 나머지 | 8.01 | 106.73 | 114.74 | 51.21 | 43.48 | 43.94 |
| 사회단체 | – | 9.39 | 9.39 | – | 3.83 | 3.60 |
| 무응답 | – | 3.21 | 3.21 | – | 1.31 | 1.23 |
| 합 | 15.64 | 245.49 | 261.13 | 100 | 100 | 100 |

출처: Ministry of Social Justice & Empowerment(2013: 144).

사업체 운영만이 아니라 소득의 또 다른 원천인 고용의 형태별 분류를 통해서도 기타후진계층의 사회적 위상을 살펴볼 수 있다. 가구별 고용지위를 우선 농촌 지역과 도시 지역으로 나누어 따로 살펴보자. 농촌 지역에서는 자영업을 하는 경우와 다른 사람에게 고용되어 임노동에 종사하는 경우로 나누어지고, 각각의 경우를 다시 농업분야 자영업, 비농업분야 자영업, 농업분야 임노동, 비농업

분야 임노동으로 범주를 구분할 수 있다. 농촌에서 기타후진계층은 자영업에 종사하는 가구 비율이 51.3%고, 피고용자로 임노동에 의존하여 살고 있는 가구가 37.3%다. 그리하여 독립적인 가구의 수가 많다. 이는 지정카스트의 경우 자영업이 30.7%고 임노동 종사 가구의 비율이 58.9%인 것과 비교하면 정반대다. 하지만 다른 경우와 마찬가지로 기타후진계층의 경우, 일반카스트와 비교하면 이 분야 지표에서도 조금 열위의 위치에 놓여 있다. 일반카스트 가구의 경우 임노동에 종사하는 비율이 26.2%에 불과하다(〈표 2-09〉 참조).

이러한 상황은 도시 지역에서도 유사하다. 도시 지역에서는 농업이 의미가 없기 때문에 중요한 것은 자영업인가 아니면 임노동인가이다. 또한 임노동의 경우 정규직, 비정규직의 여부가 중요한 구분

〈표 2-09〉 인도에서의 사회집단별 고용지위에 따른 가구의 백분율 분포도: 2009~2010년

(단위: %)

| 농촌 지역 | | | | | | | |
|---|---|---|---|---|---|---|---|
| 사회집단 | 자영업가구 | | | 농촌임노동가구 | | | 나머지 가구 |
| | 농업 | 비농업 | 부분합 | 농업 | 비농업 | 부분합 | |
| 지정카스트 | 17.1 | 13.7 | 30.7 | 36.9 | 22.1 | 58.9 | 10.3 |
| 지정부족 | 37.0 | 7.0 | 44.0 | 33.4 | 13.1 | 46.5 | 9.5 |
| 기타후진계층 | 34.1 | 17.2 | 51.3 | 23.3 | 14.0 | 37.3 | 11.4 |
| 나머지 | 39.4 | 18.1 | 57.4 | 15.9 | 10.3 | 26.2 | 16.3 |
| 전체 | 31.9 | 15.5 | 47.4 | 25.6 | 14.8 | 40.4 | 12.2 |

| 도시 지역 | | | | |
|---|---|---|---|---|
| 사회집단 | 자영업가구 | 정규임노동가구 | 비정규노동가구 | 나머지 가구 |
| 지정카스트 | 26.2 | 39.4 | 25.1 | 9.2 |
| 지정부족 | 23.3 | 38.4 | 21.1 | 16.9 |
| 기타후진계층 | 36.8 | 35.0 | 17.1 | 11.1 |
| 나머지 | 36.2 | 44.1 | 6.0 | 13.6 |
| 전체 | 34.7 | 39.7 | 13.4 | 12.1 |

출처: Ministry of Social Justice & Empowerment(2013: 146~147).

이다. 도시 지역에서 자영업에 종사하는 것이 반드시 정규직에 종사하는 것에 비해 사회적 지위가 높은지 낮은지를 판정하는 것은 어렵다. 하지만 전반적으로 최하층인 지정카스트나 지정부족에 비하여 일반카스트나 기타후진계층 집단의 자영업 비중이 더 높은 편이다. 기타후진계층과 일반카스트의 경우 자영업의 비중이 각각 36.8%와 36.2%로 거의 동일하다. 이는 모든 집단의 평균인 34.7%보다 약 2% 포인트 높다. 도시 지역에서 사회적 지위와 직결되는 것은 임노동 중 비정규직이 차지하는 비율이다. 고용이 불안정한 비정규직은 생계를 안정적으로 유지하는 것이 어렵다. 지정카스트 집단의 경우 25.1%로 4가구 중 1가구가 이러한 비정규직 임노동에 종사하고 있다. 이에 반하여 일반카스트의 경우에는 단지 100가구 중 6가구만이 비정규직 임노동으로 생계를 유지하고 있다. 기타후진계층은 17.1%로써 일반카스트와 지정카스트 중간에 놓여 있고 그 위치는 오히려 지정카스트에 가까운 편이다(〈표 2-09〉 참조).

이렇게 기타후진계층이 소유한 토지나 사업체 등 자산과 소득의 원천을 보면 이들의 실제 생활 수준을 짐작할 수 있다. 이들 생활상에 관한 추정은 어떤 주거지에서 어느 정도 생활비로 어떻게 사는가를 보면 가능하다. 〈표 2-10〉에서 보듯이 세 가지 주택구조물 중에서 가장 허름한 주택구조인 꾸짜에 사는 가구비율의 경우 일반카스트로 갈수록 줄어들고 있으며, 사회의 기저 층에 해당하는 지정카스트 집단이 가장 높은 비율을 보이고 있다. 농촌 거주 기타후진계층의 경우, 전체집단 평균인 18.8%보다 약간 낮은 17.3%의 가구가 꾸짜 거주지에 살고 있다. 기타후진계층 소속 가구 중 절반 이상(52%)이 세 개 중 가장 튼튼한 주택구조물인 뿌까 거주지에 살고

〈표 2-10〉 인도 사회집단의 주택구조별 가구 분포도: 2004년 1월~6월

(단위: %)

| 주택구조 \ 사회집단 | 농촌 | | | | |
|---|---|---|---|---|---|
| | 지정카스트 | 지정부족 | 기타후진계층 | 나머지 | 합 |
| 뿌까 | 41.0 | 19.5 | 52.0 | 58.2 | 48.0 |
| 반뿌까 | 33.5 | 57.0 | 30.6 | 28.0 | 33.2 |
| 꾸짜 | 25.5 | 23.5 | 17.3 | 13.8 | 18.8 |
| 전체 | 100 | 100 | 100 | 100 | 100 |

| 주택구조 \ 사회집단 | 도시 | | | | |
|---|---|---|---|---|---|
| | 지정카스트 | 지정부족 | 기타후진계층 | 나머지 | 합 |
| 뿌까 | 76.5 | 65.3 | 81.3 | 90.2 | 84.2 |
| 반뿌까 | 15.0 | 25.9 | 13.6 | 7.9 | 11.5 |
| 꾸짜 | 8.5 | 8.8 | 5.0 | 1.9 | 4.3 |
| 전체 | 100 | 100 | 100 | 100 | 100 |

출처: Ministry of Social Justice & Empowerment(2013: 150).

있으며 이는 전체 가구평균인 48%보다도 높지만, 일반카스트의 58.2%와 비교하면 약간 낮은 비율이다.

도시 지역 거주 기타후진계층의 경우, 농촌 지역 거주 기타후진계층보다 주거형태는 훨씬 개선된 모습을 보이고 있다. 약 81% 정도가 뿌까 형태에 거주하고 있다. 반면 5% 정도만 꾸짜식의 거주지에 살고 있다. 하지만 같은 도시 지역 거주 일반카스트에 비하여 여전히 주거여건에 있어서 개선의 여지가 있다. 일반카스트의 경우 90% 가구가 뿌까 형태에 거주하고 있다. 또한 기타후진계층의 경우 뿌까 주택구조에 사는 가구의 비중이 모든 사회집단 가구의 뿌까 거주 평균치인 84.2%에도 미치지 못하는 실정이다.

생활상을 보기 위해서 활용할 수 있는 또 다른 지표로는 식수에 대한 접근성과 가정용 전기 사용 여부다. 1년을 통틀어 식수가 충분

하지 않은 가구의 비중을 사회집단별로 살펴보면 〈표 2-11〉과 같고, 가정용 전기를 사용하고 있는 가구의 비율을 사회집단별로 살펴보면 〈표 2-12〉와 같다. 식수에 관한 통계를 보면, 산간외지에 사는 지정부족을 예외로 한다면 농촌 지역에서는 기타후진계층의 식수문제가 일반카스트 집단을 포함한 지정카스트 집단에 비하여 상대적으로 조금 더 나은 형편이라고 말할 수 있다. 그리하여 농촌 지역의 경우, 기타후진계층의 가구 중 식수 부족으로 고생을 하는 가구의 비중이 12%로 사회집단 중 가장 낮다. 반면 도시의 경우에는 일반적 사회지위와 일치하게 중간 정도의 위상을 점하고 있다. 즉, 일반카스트 집단의 가구 가운데 식수 부족으로 시달리는 가구 비중은 8%로 가장 낮고, 지정카스트의 경우에는 10.7%로 가장 높은 편이다. 기타후진계층의 경우 이 비중은 8.7%다. 도시와 농촌을 막론하고, 기타후진계층의 경우 적어도 식수 부분은 다른 지표들과 달리 지정카스트보다는 일반카스트에 가까운 편이다. 만달위원회가 기타후진계층을 규정하기 위하여 사용한 식수에 대한 접근성은 더 이상 유효하지 않은 것으로 보인다. 식수와 관련하여서는 최소한 오늘날 기타후진계층이 일반카스트에 비하여 사회적 대우에서

〈표 2-11〉 1년 내내 식수가 충분하지 않은 가구의 사회집단별 비중

(단위: %)

| 사회집단 | 농촌 | 도시 | 농촌+도시 |
|---|---|---|---|
| 지정카스트 | 13.1 | 10.7 | 12.6 |
| 지정부족 | 23.7 | 15.7 | 22.8 |
| 기타 후진계층 | 12.0 | 8.7 | 11.1 |
| 나머지 | 13.0 | 8.0 | 10.8 |
| **전체** | 13.8 | 8.9 | 12.4 |

출처: Ministry of Social Justice & Empowerment(2013: 157).

불이익을 당한다고 보기 어렵다.

<표 2-12> 가정용 전기를 사용하는 가구의 사회집단별 비중

(단위: %)

| 사회집단 | 농촌 | 도시 | 농촌+도시 |
|---|---|---|---|
| 지정카스트 | 59.5 | 92.5 | 66.4 |
| 지정부족 | 57.3 | 91.5 | 61.1 |
| 기타 후진계층 | 67.6 | 95.6 | 75.3 |
| 나머지 | 73.6 | 98.1 | 84.3 |
| 전체 | 66.0 | 96.1 | 75.0 |

출처: Ministry of Social Justice & Empowerment(2013: 157).

한편 근대적인 삶을 사는 데 있어서 반드시 필요한 전기 사용과 관련하여 살펴보면, 기타후진계층의 가구는 지정카스트보다는 좀 더 나은 형편이고, 일반카스트에 비하여서는 조금 더 열악한 편이다. 농촌의 경우, 지정카스트 가구 중 59.5%만 가정용 전기를 사용하고 있고, 일반카스트 가구 중 73.6%가 가정용 전기를 사용하고 있다. 농촌 거주 기타후진계층 가구는 이 두 사회집단의 약 중간 정도에 해당하는 수치인 67.6%가 전기를 사용하고 있다. 도시의 경우에는 전반적으로 농촌에 비하여 전기사용의 비중이 사회집단을 막론하고 높아지고 있지만, 지정카스트의 경우 7.5%, 일반카스트의 경우 1.9% 그리고 기타후진계층의 경우 4.4%의 가구가 각각 전기 사용을 못하고 있는 것으로 드러나고 있다. 즉, 일반카스트 가구에 비하여 열악한 생활환경 속에서 산다고 볼 수 있다.

기타후진계층의 생활 수준을 추정할 수 있는 또 다른 지표인 가구당 소비 지출액을 보면, 농촌거주 가구의 경우 한 달을 기준으로 1인당 1,036루피 정도를 사용하고 있다. 도시 지역의 경우에는 1,679

루피를 사용하고 있다. 이것은 앞의 소득의 원천이 되는 지표들에서 본 것과 일치하는 것으로 지출에서도 기타후진계층의 가구가 일반 카스트 가구에 비해서는 적고 최기저층인 지정카스트 가구보다는 많다는 것을 의미한다. 농촌에서는 일반카스트 가구의 경우 1인당 1,281루피를 평균적으로 지출하고 있는 반면, 지정카스트의 경우 929루피를 지출하고 있는 실정이다. 도시 지역에서도 이러한 사회경 제적 지위는 비슷하게 나타난다. 일반카스트의 경우 1인당 지출이 2,467루피인 반면, 지정카스트의 경우 1,444루피를 지출하고 있다. 기타후진계층의 경우 그 중간 위치인 1,679루피를 사용하고 있다. 농촌 지역이나 도시 지역 모두 기타후진계층은 일반카스트 집단가

〈표 2-13〉 인도에서의 고용형태와 사회집단별 1인당 월 평균 소비 지출: 2009~2010년

(단위: 루피)

| 농촌 | | | | | |
|---|---|---|---|---|---|
| 사회집단<br>고용 형태 | 지정카스트 | 지정부족 | 기타 후진계층 | 나머지 | 전체 집단 |
| 비농 자영업 | 972 | 1,069 | 1,085 | 1,260 | 1,111 |
| 농촌임노동 | 820 | 721 | 845 | 905 | 828 |
| 기타 노동 | 916 | 820 | 1,011 | 1,054 | 968 |
| 농업 자영업 | 992 | 913 | 1,050 | 1,306 | 1,102 |
| 나머지 | 1,273 | 1,335 | 1,438 | 1,892 | 1,557 |
| 전체 | 929 | 873 | 1,036 | 1,281 | 1,054 |
| 도시 | | | | | |
| 사회집단<br>고용 형태 | 지정카스트 | 지정부족 | 기타 후진계층 | 나머지 | 전체 집단 |
| 자영업 | 1,287 | 1,500 | 1,517 | 2,215 | 1,806 |
| 정규임노동 | 1,780 | 2,059 | 2,037 | 2,733 | 2,326 |
| 비정규노동 | 1,013 | 946 | 1,130 | 1,131 | 1,090 |
| 기타 노동 | 1,843 | 3,536 | 2,530 | 3,583 | 3,012 |
| 전체 | 1,444 | 1,797 | 1,679 | 2,467 | 1,984 |

출처: Ministry of Social Justice & Empowerment(2013: 150~151).

구보다는 지정카스트 집단 가구에 가까운 소비 수준을 보이고 있다. 그리하여 기타후진계층은 도시나 농촌 지역을 불문하고 전체 사회 집단의 가구 평균보다도 적은 금액을 지출하고 있다.

안드라 프라데쉬 주의 경우 중앙정부만큼이나 자세한 생활상을 추정할 수 있는 자료가 부재한 편이다. 하지만 단편적으로 나오는 안드라 프라데쉬 주의 후진계층에 대한 자료를 통해 그 사회경제적 위상을 추정하여 볼 수 있다. 인도 정부가 주나 직할령 단위로 사회 집단별로 어느 정도의 소비 수준을 구가하고 있는지를 발표한 자료가 있다. 2009~2010년 자료에 따르면, 안드라 프라데쉬 주의 후진계층은 농촌과 도시 모두 지정카스트보다는 소비 수준이 높고 일반카스트보다는 떨어진다. 앞에서 살펴본 전국 단위의 대부분의 지표와 비슷하게 안드라 프라데쉬 주의 후진계층은 소비 수준이라는 지표에서 일반카스트보다는 지정카스트에 가까운 편이다. 농촌의 경우를 보면 월 1인당 평균 소비 지출은 지정카스트의 경우 1,155루피고, 일반카스트의 경우는 1,571루피인 데 반하여 후진계층의 경우는 1,184루피다. 도시의 경우도 유사하게 지정카스트의 경우 1,757루피고, 일반카스트의 경우 2,641루피인 데 반하여 후진계층의 경우 1,999루피를 지출하고 있다. 후진계층 가구의 지출은 농촌이나 도시를 막론하고 안드라 프라데쉬 주 평균 소비 지출액보다 낮다. 이러한 안드라 프라데쉬 주의 후진계층의 소비 수준을 전국 평균과 비교하면 도시나 농촌 모두 전국 평균보다 약간 높은 편이다. 기타후진계층의 전국 평균 1인당 소비 수준은 농촌의 경우 1,036루피, 도시의 경우 1,679루피다.

## 〈표 2-14〉 인도 사회집단별 1인당 월 평균 소비 지출액: 농촌

(단위: 루피)

| 주/연방령 이름 | 지정카스트 | 지정부족 | 기타후진계층 | 나머지 | 합 |
|---|---|---|---|---|---|
| Andhra Pradesh | 1,155 | 999 | 1,184 | 1,571 | 1,234 |
| Arunachal Pradesh | 1,330 | 1,589 | 951 | 1,503 | 1,546 |
| Assam | 992 | 1,032 | 1,100 | 933 | 1,003 |
| Bihar | 697 | 848 | 759 | 927 | 780 |
| Chattisgarh | 708 | 747 | 831 | 904 | 784 |
| Goa | | 1,854 | 1,467 | 2,296 | 2,065 |
| Gujarat | 1,088 | 879 | 1,038 | 1,590 | 1,110 |
| Haryana | 1,165 | 1,401 | 1,375 | 1,835 | 1,510 |
| Himachal Pradesh | 1,350 | 1,370 | 1,396 | 1,679 | 1,536 |
| Jammu & Kashmir | 1,186 | 1,223 | 1,266 | 1,392 | 1,344 |
| Jharkhand | 780 | 775 | 852 | 971 | 825 |
| Karnataka | 934 | 901 | 1,021 | 1,121 | 1,020 |
| Kerala | 1,400 | 1,208 | 1,706 | 2,295 | 1,835 |
| Madhya Pradesh | 839 | 681 | 969 | 1,269 | 903 |
| Maharashtra | 1,031 | 961 | 1,135 | 1,309 | 1,153 |
| Manipur | 1,196 | 1,012 | 1,038 | 987 | 1,027 |
| Meghalaya | 1,632 | 1,116 | 765 | 1,123 | 1,110 |
| Mizoram | 963 | 1,266 | 997 | 1,606 | 1,262 |
| Nagaland | 1,198 | 1,477 | 1,335 | 1,522 | 1,476 |
| Orissa | 757 | 629 | 862 | 1,018 | 818 |
| Punjab | 1,271 | 1,510 | 1,723 | 2,069 | 1,649 |
| Rajasthan | 986 | 984 | 1,289 | 1,316 | 1,179 |
| Sikkim | 1,362 | 1,249 | 1,311 | 1,843 | 1,321 |
| Tamil Nadu | 1,003 | 989 | 1,220 | 1,350 | 1,160 |
| Tripura | 1,179 | 1,053 | 1,176 | 1,376 | 1,176 |
| Uttar Pradesh | 804 | 873 | 951 | 992 | 952 |
| Uttrakhand | 1,064 | 1,016 | 1,410 | 2,106 | 1,747 |
| West Bengal | 897 | 875 | 951 | 992 | 952 |
| A. & N. Islands | 4,162 | 1,825 | 2,232 | 1,870 | 1,932 |
| Chandigarh | 1,724 | | 3,192 | 2,392 | 2,227 |
| Dadra & Nagar Haveli | 2,275 | 854 | 962 | 1,418 | 915 |
| Daman & Niu | 2,157 | 885 | 1,564 | 2,109 | 1,586 |
| Delhi | 1,417 | | 2,345 | 3,060 | 2,068 |
| Lakshadweep | 2,089 | 1,793 | 1,621 | | 1,794 |
| Pondicherry | 1,361 | | 1,698 | 2,270 | 1,636 |
| 인도 농촌 전체 | 929 | 873 | 1,036 | 1,281 | 1,054 |

출처: Ministry of Social Justice & Empowerment(2013: 152).

## 〈표 2-15〉 인도 사회집단별 1인당 월 평균 소비 지출액: 도시

(단위: 루피)

| 주/연방령 이름 | 지정카스트 | 지정부족 | 기타후진계층 | 나머지 | 합 |
|---|---|---|---|---|---|
| Andhra Pradesh | 1,757 | 2,114 | 1,999 | 2,641 | 2,238 |
| Arunachal Pradesh | 3,562 | 1,906 | 1,949 | 1,875 | 1,947 |
| Assam | 1,208 | 2,113 | 1,710 | 1,901 | 1,755 |
| Bihar | 980 | 1,684 | 1,051 | 1,733 | 1,238 |
| Chattisgarh | 1,376 | 1,497 | 1,491 | 1,939 | 1,647 |
| Goa | 2,166 | 1,637 | 2,544 | 2,695 | 2,644 |
| Gujarat | 1,292 | 1,624 | 1,457 | 2,343 | 1,909 |
| Haryana | 1,429 | 1,804 | 1,859 | 2,934 | 2,321 |
| Himachal Pradesh | 1,553 | 2,239 | 1,906 | 3,178 | 2,654 |
| Jammu & Kashmir | 1,781 | 1,513 | 1,444 | 1,769 | 1,759 |
| Jharkhand | 1,046 | 1,144 | 1,304 | 2,278 | 1,584 |
| Karnataka | 1,637 | 1,216 | 1,955 | 2,351 | 2,053 |
| Kerala | 1,709 | 1,629 | 2,081 | 3,421 | 2,413 |
| Madhya Pradesh | 1,193 | 1,611 | 1,373 | 2,238 | 1,666 |
| Maharashtra | 1,749 | 2,063 | 1,983 | 2,862 | 2,437 |
| Manipur | 1,167 | 1,179 | 1,081 | 1,335 | 1,106 |
| Meghalaya | 1,987 | 1,632 | 1,543 | 1,606 | 1,629 |
| Mizoram | 1,275 | 1,948 | 2,134 | 2,055 | 1,947 |
| Nagaland | 1,112 | 1,900 | 1,757 | 1,967 | 1,862 |
| Orissa | 1,089 | 1,049 | 1,464 | 1,903 | 1,548 |
| Punjab | 1,462 | 1,930 | 1,849 | 2,528 | 2,109 |
| Rajasthan | 1,229 | 2,042 | 1,408 | 2,139 | 1,663 |
| Sikkim | 2,475 | 2,458 | 2,043 | 1,856 | 2,150 |
| Tamil Nadu | 1,541 | 1,672 | 1,915 | 1,365 | 1,948 |
| Tripura | 1,447 | 2,309 | 1,851 | 2,023 | 1,871 |
| Uttar Pradesh | 1,189 | 4,621 | 1,243 | 2,079 | 1,574 |
| Uttrakhand | 1,371 | 1,726 | 1,327 | 2,082 | 1,745 |
| West Bengal | 1,296 | 1,995 | 1,568 | 2,170 | 1,965 |
| A. & N. Islands | | 6,453 | 3,417 | 2,809 | 2,869 |
| Chandigarh | | 1,757 | 2,675 | 4,541 | 3,824 |
| Dadra & Nagar Haveli | 1,766 | 1,308 | 1,723 | 1,951 | 1,747 |
| Daman & Niu | 2,124 | 1,967 | 1,506 | 2,277 | 1,742 |
| Delhi | 1,892 | 1,878 | 1,964 | 3,061 | 2,654 |
| Lakshadweep | 2,165 | 2,362 | 4,115 | 1,566 | 2,387 |
| Pondicherry | 1,524 | 2,729 | 2,857 | 3,109 | 2,690 |
| 인도 농촌 전체 | 1,444 | 1,797 | 1,679 | 2,467 | 1,984 |

출처: Ministry of Social Justice & Empowerment(2013: 153).

# 제3장 기타후진계층 우대정책의 역사제도적 배경과 위원회 활동

# 1. 제도적 배경: 헌법 조항

앞에서 언급한 바와 같이, 과거 피억압계층에 대한 우대정책은 영국 식민지 시대부터 시작되었다. 이 때 논의의 초점은 오늘날 기타후진계층이라기보다는 후진계층 중에서도 후진인 과거 불가촉천민, 즉 오늘날 지정카스트에 맞추어져 있었다. 또한 개별 지역 단위에서 식민지 시대의 후진계층에 대한 우대정책을 논하였다고 하더라도 그것은 사실상 오늘날의 기타후진계층에 대한 논의라기보다는 상층카스트에 대한 하층카스트 상층부의 저항 정도로 비추어졌을 뿐이다.

기타후진계층이라는 용어는 일찍이 1930년 봄베이 정부(government of bombay)가 임명한 후진계층위원회에 등장한다. 여기서는 오늘날과 유사하게 후진계층을 피억압계층(오늘날의 지정카스트), 원주민과 산악부족 그리고 기타후진계층이라는 3개의 하위범주로 구분하고 있다(Singh, 1991: 66). 한편 식민지 지방정부 차원에서 이런저런 후진계층에 대한 언급과 우대정책의 시행이 있었다. 그러나 인도의 중앙정부 차원에서 통합된 기타후진계층에 대한 우대정책 논의는 독립을 준비하면서 등장하는 제헌의회에서 비롯되었다고 보아야 할 것이다. 이 제헌의회에서, 특히 1947년 1월24일에 설립된 위원회인 '시민, 소수자, 부족과 배제된 지역에 관한 자문위원회(advisory committee on rights of citizens, minorities and tribal and excluded area)'에서 후진계층의 문제를 다루었다. 하지만 제헌의회 내에서 영향력이 있는 인물 중에는 하층카스트 출신이 거의 전무하였다. 이는 인도 헌법에 대한 권위 있는 연구자로 꼽히는 오스틴이 조사한 자료에서도 확인할 수 있다(Austin, 1996: 337~347). 그에 따르면 가장 유력한 인물 20명은 지정카스트 1명, 브라만교도 11명, 회교도 2명, 아밀(유사 브라만, near-Brahmin) 2명, 기독교도 1명, 바이샤 1명, (힌두 교리를 기록하는) 까야스(Kayasth) 1명, (크샤트리아의 일부인) 라즈뿟 1명으로 하층카스트, 즉 수드라에 해당하는 인물은 존재하지 않는다. 이것은 기타후진계층이 헌법 제정 과정에서 한 명의 탁월한 대표자인 암베드카르를 대변인으로 둔 지정카스트 집단보다도 더 열악한 위치에 있었다는 것을 의미한다. 한 연구자에 따르면 하층카스트의 이권을 대변하였던 유일한 사람인 펀자브라오 데쉬무크흐(Punjabrao Deshmukh)는 이 카스트 출신이 아니라 투사 카스트인 마라사 카스트 출신이었다고 지적할 정도다(Jaffrelot, 2003: 218). 그가 제헌의회에서 후진계층을 대변하는 유일한 인물이라는 주장은 잘못되었으며, 다른 이들도 후진계층의 권익을 옹호하였지만 전반적으로 지정카스트에 비하여 이들의 권익 문제가 제헌의회에서 주목을 덜 받은 것은 사실이다.

　제헌의회에서는 후진계층을 지정카스트와 분명히 구분하여 이들에 대해 별도의 구제 방안을 마련해야 한다고 주장하는 이들이 있었다. 일례로 찬드리카 람(Chandrika Ram)은 제헌의회 1948년 11월 30일 논의에서 다음과 같이 주장하고 있다. "우리 사회는 3개의 섹션으로 구성되어 있다. (…중략…) 가장 높은 섹션은 카스트 힌두고 가장 낮은 섹션은 지정카스트 혹은 하리잔인 반면에, 이 둘 간의 중간 지점에 있으며, 우리 인민들 중 큰 비중을 차지하는 제3의 섹션을 후진계층이라고 부를 수 있다."[9] 하지만 이런 견해는 많지 않았다.

　한편 이와는 정반대의 주장을 펴는 이들도 있었는데, 다람 프라카쉬(Dharam Prakash)는 동일한 회의록에서 "경제적으로나 교육적으로 혹은 사회적으로 후진인 사람들을 일부 포함하고 있지 않은 공동체는 사실 존재하지 않는다. 그리하여 개별 공동체마다 그 속에 후진인 사람들이 존재한다"고 하여 별도의 독립적인 후진계층이 존재하는 것을 부인하고 이들에 대해서 별도의 조치를 취하는 것을 반대하였다. 그는 후진계층이라는 용어를 삭제하고 그것을 지정카스트라는 용어로 대체하여야 한다고 주장하였다. 이렇게 제헌의회에서 후진계층과 지정카스트 개념을 혼동하거나, 삭제를 요구하는 의원들이 있었을 정도로 기타후진계층에 대한 특별대우는 처음부

---

9) Parliament of India(1999), volume VII, 1948년 11월 30일. 보다 자세한 제헌의회 논의는 최정욱(2017) 참조.

터 논란의 대상이었다(Mathur, 2004: volume 4, 215~222). 심지어 지정카스트 출신인 암베드카르조차도 후진계층에 대해 보다 명확히 정의를 내리는 것을 거부하였다. 이렇게 될 경우 그는 지정카스트 이외에 지나치게 많은 사람들이 국가로부터 우대정책을 받게 되어 기회균등 원칙에 위반되며, 또한 자신이 속한 지정카스트에 대한 우대정책에 부정적인 영향을 미칠까 봐 우려하였다.

이러한 논란 끝에 타결된 최종 제헌 헌법에는 지정카스트 이외의 후진계층의 존재 가능성을 인정하였다. 그러나 이들에 대한 규정이나 구체적인 우대정책 등은 추후에 대통령이 만드는 별도의 위원회에서 정하도록 하고 헌법에서는 다루지 않고 공백 상태로 비워두었다. 추후에 수정된 헌법 조항까지 포함하여 후진계층의 권익과 관련된 헌법 조항은 15조 4항, 15조 5항, 16조 4항, 16조 4B항, 46조, 164조 1항, 340조, 243D조 6항, 243T조 6항이다. 이 중 16조 4항, 46조, 340조만이 제헌헌법에 포함된 것이고, 나머지는 그 이후 수정헌법에 추가된 것이다.

15조 4항은 차별금지를 둘러싼 소송에서 차별적 혜택을 금지한 재판결과에 대응하여 의회가 만든 1951년 첫 번째 수정헌법에 의해 추가된 것이다. 15조 5항은 국가로부터 재정적인 지원을 전혀 받지 않는 사립교육기관이 과연 국가의 우대정책을 따를 필요가 있느냐를 둘러싼 오랜 논쟁을 정리하면서 의회가 내놓은 2005년 93번째 수정헌법에 의해서 추가되었다. 2000년 83번째 수정헌법인 16조 4B항은 해당 연도에 할당제로 충원되지 않은 인원에 대해 차기년도나 그 이후로 이월하여 충원할 수 있는가, 그리고 이것이 차기연도의 충원 정원에 포함되느냐 아니면 별도 인원으로 선발하는가와 관련된 논쟁을 반영한 것이다. 46조는 제헌헌법의 기본 정신을 반영한 국가정책의 지도원칙의 일부로서, 후진계층이라는 용어를 사용하지 않고 다만 '보다 취약한 섹션들'이라고 언급하고 있다. 하지만 이는 후진계층의 복리증진을 국가가 책임질 필요가 있음을 선언한 것이다. 이것은 헌법에 명시한 다른 국가정책의 지도원칙과 마찬가지로 법적인 이행강제력은 없고, 다만 상징적인 의미를 가질 뿐이다. 그리고 340조는 대통령에게 앞으로 기타후진계층에 대한 위원회를 구성하여 이들의 여건을 조사하고, 중앙정부나 주정부가 이들의 곤경을 덜기 위하여 필요한 조치를 강구하여 의회에 보고서를 제출할 권한을 부여하고 있다. 이 조항은 지정카스트나 지정부족의 경우 헌법에서 이 위원회의 구성을 의무화하고 이들의 권한을 명시한 것과 매우 대조적이다. 기타후진계층의 경우 위원회 구성은 의무사항이 아니고 대통령이 필요에 따라서 할 수 있는 권한의 일부로 규정되었을 뿐만 아니라 위원회의 구성과 권한을 헌법에 세부적으로 명시하지도 않았다.

164조 1항은 다른 조항에 비하여 후진계층에 관해 주변적인 언급을 하고 있는 조항으로 헌법에 존재하는 유일한 후진계층에 관한 행정업무에 관한 언급이다. 이는 일부 주의 경우 부족 복지를 담당하는 주각료 회의의 각료가 지정부족과 후진계층의 복지도 추가로 담당할 수 있다고 언급하고 있다. 243D조 6항과 243T조 6항의 경우, 인도 헌법 수정안이라기보다는 보완이라고 봐야 하는 것으로 완전히 새로이 추가된 지방자치에 관한 항목(part)의 일부다. 243D조 6항은 1992년 73번째 수정헌법에 추가된 판차얏에 관한 항목(part IX)의 일부다. 이 항목에서는 최하위 지방자치기관인 판차얏을 자치기구로 설립하는 것과 이에 관한 선거를 명시하고 있다. 이 과정에서 후진계층에 대한 할당문제를 언급하고 있다. 이와 마찬가지로 243T조 6항은 1992년 74번째 수정헌법으로 추가된 시 자치회(Municipalities IXA)라는 항목의 일부다. 이 두 가지 모두 후진계층에 대한 정치적 지위의 할당제를 언급하고 있다. 그러나 지정부족이나 지정카스트 혹은 여성과는 다르게 후진계층에 대한 자치정부의 선출직에 대한 할당을 두고서 세부사항을 규정하는 것은 아니다. 다만 주의회의 권한의 일부로서 그러한 할당이 필요하다면 실시하는 것을 막을 수 없다는 수준의 소극적인 규정일 뿐이다.

### 〈글상자 3-1〉 인도 헌법의 특징

인도 헌법에 대한 권위자인 바슈(Durga Basu)에 따르면 인도 헌법은 매우 많은 특징을 갖고 있는데, 그 중에 다음의 몇 가지는 여기서 언급할 필요가 있다.

우선 헌법 제정 당시 존재하였던 전 세계의 헌법을 철저하게 참고하였고, 그 중에서 제일 쓸 만한 것을 추리고 이것을 다시 인도의 당시 상황에 맞게 적절하게 변형하였다. 그리하여 인도 헌법은 '누더기(patchwork)'이지만 '아름다운 누더기'로 비유된다. 예를 들어, 기본적인 권리에 관한 조항은 미국헌법에서, 의회정부시스템에 관한 조항은 영국에서, 정부정책의 지도원칙은 에이레(Eire)의 헌법에서, 긴급조치에 관한 조항은 독일 제국(German Reich)과 영국 식민지령인 1935년 인도 정부령에서 차용한 것이다.

둘째로 제헌헌법의 여러 조항들은 나중에 수십 건의 수정안에 의해 실질적으로 변형되었다. 또한 나중에 전혀 새로운 항목들이 추가되기도 하였다. 이러한 항목 중에는 지방자치와 관련한 판차얏의 설립과 선거 및 시 자치회(municipalities)의 설립과 선거에 관한 것이 들어 있다.

셋째로 인도 헌법은 현재 전 세계에서 가장 길고 세세한 헌법이다. 이것은 여러 가지 사유로 인한 것인데, 그 중의 하나는 식민지법인 1935년 인도 정부령을 사실상 헌법에 대부분 가져다 옮겨놓았기 때문이다. 또 다른 이유는 미국과 달리 연방헌법에 연방정부의 권한만 규정한 것이 아니라, 주정부와 하위 정부 단위의 조직과 운영에 관해서 세세하게 규정하였기 때문이다.

넷째로 인도 헌법은 길고 세부적이기 때문에 개헌이나 수정이 보다 용이하게 만들어져 있다. 그리하여 개헌을 위해서 초절대다수나 국민투표가 필요한 것은 아니다. 다만 수정을 위해서는 헌법의 일부 조항들만 주의회의 동의가 동시에 필요하고, 그런 경우에도 단지 1/2 정도의 주들만 찬성하면 된다. 나머지 조항들은 상하 양원 제적 의원의 2/3 이상이 출석하고 출석의원의 1/2 이상이 찬성하면 된다. 이 경우도 상하 양원 의원 총 수의 과반을 넘어야 한다.

다섯째 독립적인 사법부가 헌법재판소의 권한(judicial review)까지 가지고 있다는 점이다. 따라서 정부의 명령이나 의회가 만든 법률이 위헌인지 아닌지를 대법원이 판결한다. 실제로 기타후진계층과 관련하여 각종 우대정책이 과연 헌법에 부합하는지 아닌지를 두고서 대법원과 의회는 오랫동안 논쟁하여 왔다. 대법원이 어떤 우대정책을 위헌으로 판단하여 무효로 판결하면, 의회는 헌법 조항을 수정하여 우대정책이 결국 시행될 수 있도록 개헌을 하는 식으로 진행되어 왔다. 하지만 어떤 경우(예, 사유재산 보호 규정과 관련된 경우)에는 이러한 새로운 수정헌법 조항이 헌법의 기본정신을 위반한다고 하여 다시 위헌결론을 내린 적도 있었다. 대법원에 따르면 이러한 기본 정신은 개헌의 대상이 될 수가 없다고 판결하였다. 이렇게 판결한 경우, 의회는 다시 해당 기본정신으로 판시한 규정(사유재산의 존중)을 아예 헌법에서 삭제하는 식으로 입법부의 우위를 보여주고자 하였다.

마지막으로 기본권에 관한 조항에서 단순히 정치적이거나 법적인 평등만이 아니라 사회적 평등까지 보장이 되고 있다는 것이다.

—Basu(2007: chapter 4)

이제부터 기타후진계층과 관련한 헌법 조항을 하나하나 살펴보고자 한다.

### 헌법 제14조

국가는 인도의 영토 안에 있는 어떤 사람에게도 법 앞의 평등(equality before the law)이나 동등한 법률보호(equal protection of the laws)를 거부하여서는 안 된다.

이것은 앞으로 나올 15조와 16조의 대전제와 같은 조항이다. 여기서 법 앞의 평등이라고 함은 인도에서는 누구도 법보다 우위에 있거나, 법의 구속을 받지 않고 행동할 수 있는 특권을 부여받을 수 없다는 소극적인 면을 강조하는 것이다. 또한 동등한 법률보호 조항은 동일한 상황에서라면 누구나 동일하게 법의 적용을 받아야 한다는 보다 적극적인 의미를 지닌다. 따라서 만약에 상황이 합당하게 다르다면 다르게 대우받을 수 있다는 점을 시사한다.

### 헌법 제15조

(1) 국가는 종교, 인종, 카스트, 성별, 출생지나 이것들 중 어느 것에만 오로지 근거하여 어떠한 시민에게도 차별을 하여서는 안 된다.

(2) 어떠한 시민도 단지 종교, 인종, 카스트, 성별, 출생지나 이들 중 어느 것에 오로지 근거하여 다음 사항에 대해서 장애(disability), 법적인 책임(liability), 제한(restriction) 또는 조건(condition)에 구속되어서는 안 된다.

   (a) 상가, 공중음식점, 호텔 그리고 대중오락장에 대한 접근

(b) 일부나 전적으로 국가기금으로 운영이 되거나 아니면 일반 대중이 사용하도록 마련된 우물, 물탱크, 공중목욕단(bathing ghats),[10] 거리, 대중이용시설(places of public resort)의 사용

(3) 이 조항에 있는 어떤 것도 국가가 여성이나 아동을 위해 어떠한 특별한 조치를 취하는 것을 막아서는 안 된다.

(4) 이 조항이나 제29조의 2항[어떠한 시민도 종교, 인종, 카스트, 언어 혹은 이들 중 어떠한 것에 오로지 기반을 두어, 국가기금으로부터 원조를 받거나 국가가 유지하는 어떠한 교육기관에 입학하는 것을 거부당하여서는 안 된다]에 있는 어떠한 것도 국가가 사회적으로나 교육적으로도 후진인 시민계층(backward classes of citizens)의 복리증진을 위해서 또는 지정카스트나 지정부족을 위해서 어떠한 특별한 조치를 취하는 것도 막아서는 안 된다.

(5) 이 조항이나 19조 1항의 하위조문 (g)에 있는 어떠한 것도 30조 1항에서 규정하고 있는 소수자 교육기관을 제외하고 국가에 의한 보조 여부와 상관없이 사립교육기관을 포함한 교육기관에 입학하는 것과 관련해서 국가가 법으로 어떠한 사회적으로나 교육적으로도 후진인 시민계층의 복리증진을 위해서 또는 지정카스트나 지정부족을 위해서 어떠한 특별한 조치를 취하는 것을 막아서는 안 된다.[11]

여기서 말하는 19조 1항은 모든 시민이 향유하는 자유권을 세부적으로 명시한 것인데 그 중 (g)는 직업의 자유를 의미한다. 또한

---

10) 공중목욕단은 대중이 강에 용이하게 접근하도록 설치해 놓은 일종의 제단이다. 일례로 이것은 힌두교들이 많이 찾는 바라나시 갠지스 강변에서 볼 수 있다.

11) 사립교육기관의 경우 아직 해당 법령의 미비로 시행되지 않고 있다.

30조 1항은 모든 종교적 혹은 언어의 소수집단들은 자신들이 선택한 교육기관을 설립하고 운영할 권리를 누린다고 규정하고 있다.

<글상자 3-2> 헌법 15조 4항이 수정헌법에 포함된 사유

헌법 15조 4항이 수정헌법에 포함된 이유를 알기 위해서는 1951년 State of Madras v. Champakam Dorairajan 그리고 State of Madras v. C.R. Srinivasan의 판결을 보아야 한다.

마드라스 주의 공과대학과 의과대학에서 실시하고 있었던 다음과 같은 할당패턴이 위헌이라는 소송이 제기되었다.

|  | 의과대학 | 공과대학 |
| --- | --- | --- |
| 총 정원 | 330명 | 395명 |
| 주 바깥에서 온 학생에게 할당된 정원 | 17명 | 21명 |
| 주의 판단(discretion)에 따라서 배당하는 정원 | 12명 | 12명 |
| 나머지 정원 | 공동체별로 배정 | 공동체별로 배정 |

공동체별로 배정되는 정원은 정부령에 따른 것인데, 여기서는 매 14명의 정원마다 입학사정위원회가 다음과 같은 비율로 선발하도록 하고 있었다.

| 비브라만(힌두) | 6명 |
| --- | --- |
| 후진힌두 | 2명 |
| 브라만 | 2명 |
| 하리잔 | 2명 |
| 영국계 인도인과 인도 기독교인 | 1명 |
| 회교도 | 1명 |

의과대학에는 또한 최소한 20%의 정원을 여학생에게 할당하도록 하고 있었다. 소송을 제기한 쪽은 선진 공동체의 성원들이었고, 이들은 할당을

통하여 입학한 다수의 학생들보다 성적이 좋았다. 그럼에도 불구하고 이들은 불합격되거나, 할당정책으로 인해 입학하지 못할 것이라고 확신하여 처음부터 아예 지원조차 하지 않았다.

위헌 소송을 제기한 원고 쪽의 주장은 입학을 위한 모든 자격 요건을 충족하는 학생이 오로지 종교, 인종, 카스트, 언어 혹은 이 중 어떤 것에 근거하여 불합격한다면 이것은 헌법 14조, 15조 1항 그리고 29조 2항에 어긋난다는 것이었다. 반면에 옹호론자 측은 탄원인들이 불합격한 것은 단지 브라만이어서가 아니라, 브라만들에게 할당된 2석을 이미 다른 뛰어난 브라만 학생들이 벌써 채웠기 때문에 불합격된 것이라고 주장하였다. 이들은 또한 29조는 46조와 같이 읽어야 하며, 46조는 29조 2항에 우선한다고 주장하였다.

원고 측은 16조는 16조 4항의 형식으로 사회적 후진계층에 대한 할당을 명백히 표현하고 있지만, 29조 2항에 대한 예외조항은 분명하게 언급되지 않기 때문에 공동체 할당제도는 허용해서는 안 된다고 주장하였다.

이에 대법원은 원고의 주장을 받아들여 필요한 입학자격을 갖춘 학생이 단지 종교, 인종, 카스트, 언어 때문에 혹은 이 중 어떠한 것에 의해서도 입학이 거부되어서는 안 된다는 의견을 내놓았다. 29조 2항에서 금지하고 있는 사유로 인하여 차별하는 것은 위헌이며 이러한 논리는 15조 1항에도 그대로 적용된다고 하였다. 의회는 이러한 대법원 판결을 뒤집기 위해서 특별히 15조 4항을 후진계층의 보호를 위한 조항으로 헌법에 추가하게 되었다.

—Krishnan and Sudersan(2010: 255~260)

또한 헌법 제16조는 공무원 임용에 있어서의 기회균등에 관해 규정하고 있다.

**헌법 제16조**

(1) 국가가 통제하는 어떠한 직에 대한 임명이나 임용과 관련한 문제에

있어서 모든 시민들은 균등한 기회를 누려야만 한다.

(2) 단지 종교, 인종, 카스트, 성별, 혈통(descent), 출생지, 거주지 혹은 이것 중 그 어느 것을 이유로 국가 통제 하의 직이나 어떠한 임용과 관련하여 차별받거나 자격을 박탈당하여서는 안 된다.

(3) 이 조항의 어떤 것도 주정부나 중앙정부 혹은 그 아래의 지방 당국이나 다른 당국의 통제하에 놓인 공직 임용이나 임명의 한 종류나 종류들(a classes or classes of employment or appointment)과 관련하여 그러한 임명이나 임용 이전에 해당 주나 중앙정부 지역에 거주하는 것에 관해서 어떠한 요구조건을 규정하는 법을 의회가 만드는 것을 막아서는 안 된다.

(4) 여기의 어떠한 조항도 국가가 보기에 국가의 공직(services)에 제대로 대표되어 있지 않은 어떠한 후진 시민계층들에게 국가가 유리하게 임명과 직위를 할당하는 조치를 취하는 것을 막아서는 안 된다.

(4A) 이 조항에 있는 어떠한 것도 국가의 공직과 관련된 어떠한 종류나 종류들의 직위에 있어서의 승진과 결과적인 연공서열 문제에 있어서 국가가 보기에 국가의 공직에 제대로 대변되지[12] 않는 지정부족과 지정카스트에 유리하도록 할당하는 조치를 취하는 것을 막아서는 안 된다.

(4B) 이 조항에 있는 어떤 것도 (4)항과 (4A)항에 의거하여 만들어진 할당방안에 따라서 그 해에 충원하도록 할당된 한 해의 미충원 직위를 다음 해나 다른 해에 충원할 별도의 공석들로 국가가 간주하는 것을 막아서는 안 된다. 또한 해당 연도에 충원할 총 공석

---

12) 여기서 대변된다는 의미는 해당 인구집단의 인구비율과 공직비율의 균형을 의미한다.

수에 관한 최대 50% 할당 상한선을 결정하는데 그렇게 이월된 자리들은 포함되어서는 안 된다.

(5) 이 조항에 있는 어떤 것도 어떠한 종교기관이나 교단의 기관과 관련된 사안을 다루는 직위의 담당자나 그러한 기관의 운영기구의 구성원이 특정 종교를 표방하는 사람이거나 특정한 교단에 소속한 사람이어야 한다고 규정하는 법률의 시행에 영향을 미쳐서는 안 된다.

14, 15, 16조 모두 평등과 차별해소의 원칙을 규정하고 있다. 그러나 15조와 16조가 앞의 14조와 차이가 나는 것은 14조는 인도의 영토 안에 있는 모든 사람, 즉 외국인도 포함하지만 15조와 16조는 인도 시민만을 대상으로 하고 있다는 것이다. 여기서는 광범위한 평등을 규정하고 특히 종교, 인종, 카스트, 성별, 혈통, 출생지로 인한 차별을 금지하고 있다. 그 대신 거주지에 따른 차별은 인정하고 있고 여성, 아동, 지정부족이나 지정카스트 그리고 기타후진계층의 복리증진을 위한 차별은 인정하고 있다. 그리하여 기타후진계층을 위한 우대목적의 차별은 헌법상으로 열어놓았다. 이러한 차별은 다른 불평등을 강화하는 차별과 구분하여 보호목적의 차별(protective discrimination)이라고도 부른다.

기본권에 대한 열거에 이어서 36조부터 51조까지는 국가정책의 지도원칙(Directive Principles of State Policy)을 열거하고 있는데, 그 중의 하나가 기타후진계층과 관련된 46조다.

### 헌법 제46조

국가는 보다 취약한 섹션, 그리고 특히 지정카스트와 지정부족의 교육적인 이익과 경제적인 이익을 각별히 신경을 써서 촉진하여야만 하며, 이들을 사회 불공정과 온갖 종류의 착취로부터 보호하여만 한다.

여기서 말하는 취약계층은 일반적으로 후진계층을 포함하는 것으로 이해한다.

### 헌법 제340조

(1) 대통령은 인도 영토 안에 존재하는 사회적으로나 교육적으로도 후진인 계층의 상황과 그들이 고충을 겪고 있는 난관을 조사하고 그러한 난관을 제거하고 그들의 상황을 개선하기 위하여 중앙정부나 어떠한 주가 취하여만 하는 조치와 중앙정부 혹은 어떠한 주가 그러한 목적을 위해서 부여하는 보조금(grants)과 그러한 보조금이 갖추어야만 하는 조건들에 관해서 조사하기 위하여 적합한 인물로 구성된 위원회를 대통령령으로 설치할 수 있고 그러한 위원회를 설치하는 명령은 해당 위원회가 따라야만 하는 절차를 규정하여야만 한다.

(2) 그렇게 설치된 위원회는 위원회에 회부된 문제를 조사하고 그들이 발견한 사실과 그들이 적합하다고 생각하는 권고사항들을 열거한 보고서를 대통령에게 제출하여야만 한다.

(3) 대통령은 그렇게 제출된 보고서의 사본과 그에 따라서 취하고 있는 조치를 설명하는 메모를 같이 상하 양원 각각에 회부하여야만 한다.

후진계층위원회에 관한 헌법 조항을 보면 다른 지정카스트나 지정부족에 대한 위원회와 달리 그 역할과 조직 구성에 관해서 세부적으로 논하지 않고 다만 대통령의 명령으로 추후에 구성할 수 있도록 하였다. 또한 이것은 다른 두 위원회와 달리 의무사항이 아니라 허용사항이다. 나중에 결과적으로 보면, 중앙정부 차원에서는 2개의 기타후진계층에 대한 위원회가 설립되었다. 이에 대한 자세한 논의는 후진계층에 대한 나머지 규정을 살펴본 다음에 할 것이다.

헌법에 규정된 기타후진계층에 대한 마지막 조항은 헌법에 완전히 새롭게 추가된 지방자치와 관련된 것이고 유일하게 선출직 할당에 관한 것이다. 기타후진계층은 추후에 논의하는 바와 같이 교육과 공직 부문에서의 할당제는 인정이 되지만 지정카스트나 지정부족과 달리 일반적으로 정치영역에서의 할당은 부여받지 못했다. 하지만 지방자치와 관련한 선출직의 경우에 한하여 다음 두 조항에서 보듯이 기타후진계층에게도 할당제의 가능성을 어느 정도 열어두었다.

### 헌법 제243D조 6항

이 판차얏에 관한 항목(Part)에 있는 어떤 것도 주의회가 후진계층의 시민에게 유리하도록 어떠한 판차얏의 의석이나 혹은 그러한 판차얏의 의장 직을 할당하는 어떠한 조치를 취하려는 것도 막아서는 안 된다.

### 헌법 제243T조 6항

시 자치회(municipalities)에 관한 항목에 있는 어떤 것도 주의회가 후진계층의 시민에게 유리하도록 어떠한 자치정부의 의석이나 그러한 자치정부의 의장직을 할당하는 어떠한 조치를 취하는 것을 막아서도 안 된다.

판차얏이나 시 자치회는 모두 인도 주 아래 지방자치 단위의 핵심기구이다. 이것은 일종의 회의기관으로 주로 농촌 지역에는 판차 얏을, 도시 지역에는 시 자치회를 두도록 하였다. 판차얏은 전통적으로 상층카스트를 중심으로 한 마을회의였지만, 헌법에 정식으로 지방자치의 근간 조직으로 편입된 것이다. 과거와 달리 여기에는 3개 정도의 판차얏이 신설되었다. 그것은 가장 낮은 수준인 마을 판차얏에서부터 가장 높은 지구(district) 판차얏, 그리고 중간 수준의 판차얏이다. 이와 비슷하게 도시 지역에도 자치기구들이 만들어졌는데 그것이 시 자치회이다. 이 두 종류의 자치기구의 의석을 배정할 때 여성, 지정카스트 그리고 지정부족과 관련하여서는 일정비율이나 그 이상이 되도록 의석을 할당하는 제도를 마련하였다. 하지만 기타후진계층의 경우에는 그러한 할당제를 적극적으로 헌법에서 규정하지는 않았다. 다만 주의회에서 그러한 취지의 법을 만들어서 그들에게 의석을 할당하는 것이 위헌은 아니라고 못 박은 정도다.

## 2. 후진계층위원회 활동의 역사

헌법 규정에 따라서 인도 정부는 독립 이후 2개의 후진계층위원회를 구성하였다. 1차 후진계층위원회는 1953년 1월 29일부터 1955년 3월 30일에 보고서를 제출하기까지 활동하였는데, 이 위원회는 통상적으로 위원회 의장의 이름을 따서 칼엘카르(Kalelkar) 후진계층위원회로 불린다. 위원장을 포함하여 11명의 위원으로 구성된 이 위원회는 헌법에서 부여된 권한에 따라서 후진계층을 규정할 기준을 정하도록 하였다. 이 기준에 따라서 후진계층 명단을 작성하고, 이들의 상황과 곤경을 조사하고, 이들의 처지를 개선하기 위해서 취하여야 할 조치 등을 권고하는 보고서를 만들도록 하였다. 오랜 활동 끝에 이 위원회는 심각한 방법론적인 문제에 직면하였지만, 사회적으로나 교육적으로 후진인 계층을 규정하기 위하여 다음과 같은 4가지 기준을 제시하였다(Mathur, 2004: volume 2, 70).

(1) 전통적인 힌두교 사회의 카스트 위계질서에서 낮은 사회적 신분을 갖출 것
(2) 카스트나 공동체의 대부분(the major section)이 일반적으로 교육적 성취가 결핍되어 있을 것
(3) 정부 업무직에 부적절하게 대표되거나 진혀 대표되지 않을 것(즉 정부 업무직에 이들이 공무원으로서 참여하는 것이 낮거나 부재할 것)
(4) 무역, 상업 그리고 공업분야에서 부적절하게 대표되어 있을 것

위원회는 이런 기준에 따라서 전국에 걸쳐서 2,399개의 후진카스트나 공동체의 명단을 만들었다. 이들은 인구의 약 32%를 차지하고 있는 것으로 추정하였고 모든 여성을 후진으로 분류하였다. 위원회는 이들의 처지를 개선하기 위해서 대학교육과 정부 업무직으로의 진출, 광범위한 토지개혁 등을 포함한 다양한 조치를 제시하였다. 그 중에 교육과 관련해서는 고등기술 교육기관이나 전문직종 교육기관 정원의 70%를 후진계층의 학생 중 자격이 있는 이들에게 할당할 것을 권고하였다. 후진계층의 정부 업무직으로의 진출을 돕기 위하여, 정부나 지방단체의 모든 공석 중 I급직의 경우 25%, II급의

경우 33과 1/3% 그리고 III급과 IV급의 경우 40%를 최소한 할당하도록 권고하였다(Mathur, 2004: volume 2, 71).

이 최종보고서는 위원들 사이에 만장일치로 작성된 것은 아니었다. 11명의 위원 중 5명이 반대(dissent)의견을 표명하였다. 특히 보고서의 지적대로 카스트로 후진계층을 결정하여야 하는지를 두고서 위원들 간에 상당한 이견이 있었다. 또한 보고서 자체에서 반대의견을 피력하지는 않았지만, 의장인 칼엘카르는 별도로 작성한 보고서 서문에서 사실상 반대의견을 피력하였다. 위원들 대부분이 하층 카스트 출신이었지만 브라만인 그는 후진계층에 대한 정부 차원의 할당제도에 대해서 전반적으로 부정적인 견해를 피력하였다.

그는 "그들의 후진성은 그들의 지도자들이 믿게 하는 바와 같이 그들에 대한 [수백 년 동안의 상층카스트에 의한] 착취 때문이 아니다. 그들의 후진성은 사실 그들 자신의 '무관심, 무기력, 게으름' 탓이다"라고 주장하였다. 그리하여 그는 서문에서 자신이 만든 위원회의 보고서를 정면으로 부정하는 모순적인 태도를 보였다(Mathur, 2004: volume 2, 74).

이렇게 만들어진 보고서는 그 당시 내무장관이었던 판트(Govind Ballabh Pant)에게 제출되었다. 그는 보고서에 자신의 부정적인 견해를 적은 메모를 첨부하여 국회에 회부하였다. 브라만인 그가 부정적인 견해를 피력한 것은 후진계층을 특정하기 위해서 사용한 가장 중요한 기준으로 카스트를 사용한 것과 관련이 있었다. 그에 따르면 이렇게 카스트를 인정하게 되면 오히려 카스트적인 차별을 항구화하는 결과를 가져올 것이고, 이미 정부가 경제계획을 통하여 펼치고 있는 각종 개발 사업만으로도 경제성장, 고용촉진 그리고 소득 향상이 이루어질 것이라고 보았다. 따라서 이에 따른 과실은 모든 시민이 공히 누리게 될 것이기 때문에 특정시민집단을 대상으로 하여 특혜를 별도로 베풀 필요가 없다고 보았던 것이다. 1956년 9월 3일에 보고서를 제출받은 의회는 이 보고서에 대한 토론조차 진행하지 않았다. 결국 네루 정부는 1961년 5월과 8월에 걸쳐서 중앙정부 차원에서 전국에 걸친 단일 후진계층 명단을 만들 필요가 없으며, 결과적으로 중앙정부 차원에서는 어떠한 할당제도 없다고 못 박았다. 또한 각 주정부는 자체적으로 후진계층의 명단을 만들고 관련 정책을 실시할 수 있지만, 이때에도 카스트를 기준으로 하지 말고 경제적인 테스트를 하는 것이 바람직하다고 권고하였다(Jaffrelot, 2003: 226~228).

결과적으로 이 문제에 관심이 있는 여러 개의 주에서 독자적으로 위원회를 구성하거나 별도의 후진계층 명단을 만들었다. 위원회를 만든 주는 안드라 프라데쉬, 비하르, 구자랏, 자무와 카쉬미르, 카르나타카, 케랄라, 마하라쉬트라, 펀잡, 우따르 프라데쉬, 타밀 나두 등이었다. 별도로 위원회를 만들지는 않았지만, 1944년 교육부가 장학금 지급을 위해서 만든 리스트와 1차 5개년 계획을 작성할 당시 지정카스트 및 지정부족 위원회가 만든 또 다른 리스트에 주로 근거하여 나름대로의 후진계층 명단을 가지고 있는 주와 연방령도 있었다. 이런 곳에는 아쌈, 델리, 하리야나, 히마찰 프라데쉬, 메가라야, 오리싸, 폰디체리 그리고 라자스탄이 포함된다. 이 중에서 안드라 프라데쉬의 사례는 차후에 더 자세히 살펴볼 것이다.

1차 위원회의 노력이 방법론적인 문제와 카스트 논란으로 무산된 이후, 국민회의 정부 아래서는 후진계층을 위한 중앙정부 차원의 어떠한 추가적인 노력도 이루어지지 않았다. 상층카스트가 주도하는 국민회의의 장기집권은 인디라 간디 수상의 긴급조치(emergence) 통치 기간이 끝난 뒤 실시한 1977년 선거에서 야당통합정당인 자나타당(Janata Party)이 압승하면서 막을 내리게 되었다. 예를 들면 당시 북인도 지역의 이른바 힌디벨트 지역에서 단 3명의 의원을 제외한 나머지 당선자는 모두 자나타당 후보였다(Jaffrelot, 2003: 311~312). 당선된 자나타당 의원들도 여전히 상층카스트 출신들이 많았지만, 과거와 달리 힌디벨트의 상층카스트 출신 의원들은 과반수에 미치지 못하였고, 기타후진계층의 의원 비율은 긴급조치 이전의 약 10%에서 13%로 늘었다.

자나타당이 집권한 후 공약에 따라서 1978년 12월에 당시 수상인 모라르지 데사이(Morarji Desai)의 지시로 2차 후진계층위원회가 구성되었다. 이 위원회는 위원장인 만달(B. P. Mandal)의 이름을 따서 통상적으로 만달위원회로 불린다. 1차 위원회와 달리 2차 위원회는 의장 역시 기타후진계층인 야다브 카스트 출신이었고 다른 5명의 위원도 기타후진계층이었다(Jaffrelot, 2003: 321). 만달위원회가 1980년 12월 약 2년간의 작업 끝에 만들어 낸 최종 보고서는 카스트와 관련이 있을 수 있는 속성을 기타후진계층을 규정하는 기준으로 여전히 사용하고 있었다. 그러나 카스트와 무관한 기준들도 포함되었다(제2장 참조).13) 또한 1차위원회와 달리 만달위원회는 후진계층을 확인하는 포인트 시스템도 자체적으로 만들어 제시하였다. 이것도 여전히 논란의 여지가 있었지만 1차위원회보다는 더 객관적이고

---

13) 전문을 보려면 http://www.ncbc.nic.in/User_Panel/UserView.aspx?TypeID=1161 참조.

과학적인 기준을 제시한 것이었다. 이러한 기준으로 만달위원회는 1차위원회보다 훨씬 많은 인구를 기타후진계층으로 분류하였다(세부 사항은 제2장 참조). 결과적으로 전체 인구의 52%에 해당하는 3,943개의 카스트를 기타후진계층의 명단에 올렸다(Singh, 1991: 87).

〈글상자 3-3〉 자나타당

1977년 3월 선거 이전에 임시적으로 운영되었던 자나타당은 1977년 5일 1일 정식으로 창당되었다. 이는 4개 정당이 합당한 것이었는데 여기에는 나중에 Bharatiya Janata Party(BJP)가 되는 Bharatiya Jana Sangh(BJS), 국민회의의 구 당권세력인 Indian National Congress-Organization (INC-O), Bharatiya Lok Dal(BLD), Socialist Party(SP)가 들어간다. 5월 5일에는 Congress for Democracy(CFD)가 합류하기로 하였다. 따라서 처음부터 이 정당에는 매우 다양한 세력이 공존하였다. 이러한 다양성에도 불구하고 이들을 하나로 묶어준 요인은 간디 수상에 대한 반대였다. BJS는 힌두 민족주의를 표방하는 우파정당이었고, 1974년에 결성된 BLD는 그 자체가 정부의 경제정책에 반대하여 결성된 하나의 연합정당이었다. SP는 그 자체가 여러 개의 사회주의 계열 정당이 합당한 정당이었고, CFD는 오랜 기간 국민회의 지도자였던 람(Jagjivan Ram)이 간디 수상의 권위주의 성향에 반대하여 1977년 선거 전에 결성한 정당이었다. 이러한 다양성 때문에 BJS계파와 과거 BLD 지도자인 챠란 싱(Charan Singh)의 지지자들 간의 알력을 계기로 하여 BLD계열이 1979년 중반에 탈당하게 된다. 이로써 데사이(Desai) 수상은 어쩔 수 없이 사직하게 되고, 하원은 8월 22일에 결과적으로 해산되었다. 이후 선거인 1980년 선거에서 자나타당은 패배하였고 람은 다시 탈당하여 잠시 자신의 정당을 결성하는 과정을 거쳐서 1980년 4월 결국 국민회의에 재입당하게 된다. 같은 달 과거 BJS계파가 탈당하여 BJP를 창당하였다.

—Banks(1985: 229)

만달위원회는 기타후진계층을 위한 다양한 복지조치들을 제안하였다. 그 중에서 가장 의미 있는 것은 할당제다. 물론 52%의 기타후진계층의 인구를 위해서 단지 수천 명의 정부직을 할당한다고 하여 그 계층이 어느 날 갑자기 상층계층이 될 수 있는 것은 아니다. 하지만 후진계층의 심리 상태를 개선하는 데에는 도움이 된다. 인도에서 정부의 직위는 권위와 사회적 위신의 상징으로 간주된다. 이러한 사회적 분위기 속에서 자신이 소속한 집단의 일부가 정부 고위 간부가 된다면, 그 집단과 일체감을 가지는 구성원의 경우 심리적 대리만족을 느낄 수 있다. 그 결과 할당으로 인한 물질적인 혜택은 실제로 혜택을 입는 몇몇 가족에게만 국한되지만, 이러한 할당제는 후진계층의 심리 상태를 고양하여 줄 것으로 기대되었다.

할당이 제대로 이루어지려면 지정카스트나 지정부족처럼 인구비율에 맞추어 할당하여야만 한다. 하지만 실제로 인도법원에서는 정부업무의 효율성을 이유로 50% 이상의 직을 할당하는 것은 위헌으로 판정하였다. 따라서 만달위원회는 기존의 지정카스트와 지정부족을 위한 할당 22.5%에 추가로 기타후진계층을 위한 할당을 최고 27%까지만 권고하였다. 하지만 기존에 이미 27%를 초과하여 할당을 실시하고 있는 주의 경우에는 이러한 권고안이 적용되지 않았다. 또한 공개경쟁으로 채용된 기타후진계층의 공무원은 이러한 할당비율을 계산하는 데 포함되지 않는다는 것과 할당은 모든 급의 승진에서도 적용이 되어야 한다고 권고하였다. 또한 직접채용을 위한 나이제한을 완화하고 미충원된 할당 쿼터는 그 이후 3년 동안 이월하도록 권고하였다. 이러한 중앙정부직에 대한 할당제의 원칙은 국유은행을 포함한 모든 주정부와 중앙정부의 공공 부문에 적용되어야 하고 정부로부터 보조를 받는 모든 사적 부문에도 적용되어야 한다고 보았다. 그리고 모든 종합대학과 부속 단과대학도 동일한 할당원칙을 적용하도록 권고하였다. 마지막으로 이러한 할당제는 교육기관의 직위뿐 아니라 중앙정부와 주정부가 운영하는 모든 과학, 기술, 전문직 교육기관의 입학에도 적용이 되어야 한다고 권고하였다(Mathur, 2004: volume 2, 122~125).

만달위원회의 보고서를 작성하는 과정에서 데사이 정부는 자나타당 내부의 권력다툼으로 1979년 7월 28일 와해되었다. 이후 내무장관이자 부수상이었던 챠란 싱(Charan Singh)이 국민회의의 지원 약속 아래 새로이 내각을 구성하였지만, 국민회의의 지지철회로 곧바로 사직하면서 6개월 뒤인 1980년 1월 총선이 치러졌다. 이 총선에서 인디라 간디가 이끄는 국민회의가 압도적인 승리를 거두면서 제2기 인디라 간디 정부가 1980년 1월 14일자로 들어서게 되었다. 그해 12월에 만달위원회의 보고서는 완성되었고, 31일에 국민회의 정부에 제출되었다. 국민회의 정부는 이듬해 4월 30일에야 이 보고서를 다시 하원에 회부하여 토론에 부쳤다. 하지만 국민회의 정부가 한 것은 이것이 전부였다. 이 정부는 만달위원회가 권고한 방안을 실제로 정부 차원의 정책으로 추진할 의사가 없었기 때문이다.

결과적으로 만달위원회의 권고안은 새로운 비국민회의 정부가 1989년 12월 2일에 들어선 뒤에야 정책으로 추진되었다. 이 새로운 정부는 자나타 달(Janata Dal) 당이 이끄는 정부였는데, 이 정당은 과거 자나타당의 연합정당을 이루고 있던 잣(Jat)카스트 출신인 챠란 싱 정당의 계승정당들과 사회주의자들의 연합이었다. 과거와 달리 힌두민족주의 계열과 인디라 간디에 반대하였던 국민회의 옛 당권

파들이 창당에 참여하지 않았다. 대신에 살해된 인디라 간디의 아들로서 국민회의를 이어받은 라지브 간디 수상의 정부 하에서 재무장관과 국방장관을 지내고 대규모 군납비리인 보포로스 스캔들을 폭로한 뒤 해고되었던 싱(V. P. Singh)이 총재로서 당을 이끌고 있었다. 선거에서 라지브 간디가 이끄는 국민회의는 패배하였는데 이것은 국민회의의 부패 이미지와 싱의 청렴 이미지가 대조되었고, 2개의 공산당, 즉 인도공산당(Communist Party of India)과 인도공산당-막시스트(Communist Party of India-Marxist)와 힌두민족주의 정당인 인도민족당(Bharatiya Janata Party, BJP), 그리고 지역 패권정당들이 선거연맹에 동참함으로써 범야당세력을 국민전선(National Front)의 이름 하에 결집할 수 있었기 때문이었다. 이 국민전선의 선거공약 중 하나가 바로 만달위원회의 권고안을 신속하게 실행에 옮기는 것이었다.

일련의 노력 끝에 싱 총리는 1990년 8월 7일 의회연설을 통하여 만달위원회 권고안을 정부 차원에서 실행한다고 선언하고, 이를 위한 정부지침을 곧이어 13일에 하달하였다. 하지만 이후에 계속되는 할당 반대 폭동과 소요사태 그리고 일련의 자해사건이 벌어지는 가운데 정부 결정의 위헌성을 두고 소송이 제기되었다. 이 소송을 맡은 대법원은 최종 판결이 날 때까지 정부지침의 실행을 잠정 중지하라고 판시하였다. 대법원은 1992년 11월 16일 만달판결이라고 칭하여지는 최종 판결을 다수의견으로 제시하였는데, 몇 가지 단서조항을 붙여서 합헌판결을 내렸다. 그러한 단서조항에는 후진계층 중에서 사회적으로 앞서있는 사람들이나 섹션을 배제하여야 한다는 것이 포함되었다. 이것은 나중에 이른바 '부유층(creamy layers)'으로 불리게 되는데 후진계층이지만 후진계층과 잘 섞일 수 없을 만큼 잘 사는 상층 부문을 의미한다. 이러한 층을 골라내는 기준을 정부가 마련한 다음에야 후진계층을 위한 중앙정부 차원의 정책은 본격적으로 시행될 수 있었다. 이 결과 1994년도에 처음으로 할당쿼터에 대한 충원이 이루어졌다(Ambedkar, 2008: 113). 공교롭게도 이 시기는 찬드라 쉐카르(Chandra Shekhar)가 이끄는 제2기 자나타 달 정부가 물러나고 새로운 선거에 의해서 라오(P. V. Narasimha Rao)의 인도국민회의 정부가 들어선 이후였다.

## 3. 안드라 프라데쉬의 경우

만달위원회가 만들어져서 중앙에서 활동할 무렵까지 안드라 프라데쉬 주에도 몇 개의 후진계층위원회가 별도로 만들어졌다. 하지만 중앙정부에서와 달리 후진계층에 대한 할당제의 기원은 제헌의회보다 더 오랜 역사를 가지고 있다. 다른 남부 지역에서와 마찬가지로 안드라 프라데쉬 지역의 우대정책의 기원은 식민지 시대로 거슬러 올라간다. 영국 식민지 당시 한편으로는 영국 식민정부의 분할통치 정책으로 인하여 다른 한편으로는 남부 인도의 카스트 시스템이 가지는 특이성에 기인한 비브라만운동(non-Brahmin movement) 때문에 남부 인도에서는 할당제가 매우 일찍 실시되었다. 우선 남부 지역에서 영국 식민지 정부는 현지인을 채용하여 운영하였는데, 초기에는 사회경제적인 상황으로 인하여 영어교육을 일찍 받은 상층카스트 출신인 브라만이 공직을 거의 독점하다시피 하였다. 이 점을 우려하여 영국 식민정부는 자신들의 분할통치(divide and rule)

원칙에 부합하게 인도의 사회 집단별로 일정 비율에 맞추어 공직에 채용함으로써 하나의 카스트에 의한 공직 독점을 통제하려고 하였다. 이와 맞물려 남부지방에는 북부지방과 달리 상층카스트의 수가 많지 않았고, 이들도 대부분 브라만으로서 현지 출신의 크샤트리아나 바이샤와 같은 상층카스트는 사실상 부재한 상태였다. 이 결과 외지인으로 인식된 브라만과 토착인으로 정체성을 형성하기 시작한 그 외 하층카스트의 대립 관계가 형성되었다. 이로 인하여 공직 부문에서도 하층카스트들이 일정한 지분을 요구하게 되었다.

비브라만운동이 활발하게 전개된 남부 지역 가운데 오늘날 안드라 프라데쉬 지역을 관리하는 식민지 정부는 마드라스 정부였다. 마드라스 정부는 행정부에 브라만이 지나치게 많은 자리를 차지하고 있는 것을 우려하여 일찍이 19세기 후반부터 교육 부문에 있어서 비브라만을 위한 일종의 우대정책을 실시하였다. 1921년 마드라스 정부 인구조사에 따르면, 브라만은 인구의 3.5%에 불과하지만 이들은 높은 교육열 때문에 정부직 전체의 70% 이상을 차지하였다. 마드라스 정부는 이러한 편중을 해소하기 위하여 인도에서 최초로 피억압계층 학생들에게 구체적인 재정적 지원을 하는 것을 목적으로 1885년에 교부금(grant-in-aid)법 조항을 마련하였다(Mathur, 2004: volume 1, 46). 마드라스에서 '후진'이라는 용어는 교육당국이 문맹이거나 빈곤한 카스트 출신의 학생들에게 장학금(stipends)을 지급하면서 처음으로 사용되었다고 한다(Mathur, 2004: volume 2, 18).

후진계층에 대한 특별우대정책은 마드라스 지역에서 전개된 20세기 초기 비브라만운동에도 기반하고 있다. 점진적인 비브라만 카스트의 자각으로 인하여 정부직을 사실상 독점하고 있는 브라만에 대항하기 위하여 비브라만들은 먼저 남인도자유연대(The South Indian Liberal Federation)를 설립하였다. 이후 1916년에는 정의당(Justice Party)을 창당하였다. 이 정당은 1920년에 집권하게 되면서 정부직에 대한 브라만의 통제를 약화시키려는 조치들을 취하였다. 1921년 주의회(State Legislative Council)의 결의안을 바탕으로 마드라스 정부는 정부직에 비브라만의 진출을 높이기 위한 조치를 취하였다. 이것은 1927년 재검토를 거쳐서 같은 해 공동체에 관한 정부령으로 사실상 확대 강화되어, 다양한 공동체가 정부직을 분할하여 할당받도록 하였다. 이것은 그동안 브라만이 정부직에 대해서 가지고 있었던 영향력을 약화시키는 데에 기여하였다. 그 후 1947년에는 공동체에 대한 정부령이 수정 보완되었는데, 이때 가장 중요한 것은 비브라만을 다시 비브라만 힌두교도와 비브라만 후진 힌두교도로 양분한 것이다. 그 결과, 아래 표에서 보는 바와 같이 각 공동체에 대한 정부직 할당비율이 조정되었다. 즉, 1947년에 처음으로 인도의 마드라스 정부에서 비브라만층을 세분하였고, 후진힌두교도라는 범주가 특별우대를 위한 목적으로 별도로 등장한 것이다(Mathur, 2004: volume 2, 17~21).

〈표 3-01〉 1922년과 1947년 마드라스의 공동체별 정부직 할당비율

(단위: 개)

| 공동체 범주 | 할당직의 수 | |
|---|---|---|
| | 1922년 | 1947년 |
| 비브라만 힌두교도 | 12 중 5 | 14 중 6 |
| 후진 힌두교도 | 해당 없음 | 14 중 2 |
| 브라만 | 12 중 2 | 14 중 2 |
| 회교도 | 12 중 2 | 14 중 1 |
| 유럽계인도인과 인도기독교도 | 14 중 1 | 12 중 2 |
| 지정카스트(피억압계층) | 12 중 1 | 14 중 2 |

출처: Mathur(2004: volume 2, 19).

마드라스가 1954년 타밀나두와 안드라 주로 나누어지기 직전인 1950년에 또다시 정부직에 대한 공동체 대표제를 확대 개편하였다. 특별우대는 지정부족, 지정카스트 그리고 기타후진계층만 받도록 하였고, 할당의 기본 단위도 14개에서 20개의 직으로 변경되었다. 결과적으로 단위 할당직 전체 중 3개가 지정부족과 지정카스트에게, 5개가 후진계층에게 할당되고, 나머지 12개는 공개경쟁으로 선발하도록 하였다(Mathur, 2004: volume 2, 18). 이 개정 과정을 보면, 브라만의 할당비율은 점차 줄어들어 최종적으로는 완전히 폐지되었다.

그리하여 안드라 프라데쉬가 형성되기 이전에 이미 안드라 주에는 후진계층의 리스트가 만들어졌고, 이들을 대상으로 장학금을 비롯한 교육분야 혜택과 더불어 정부직 일부에 대한 할당이 실시되고 있었다. 이러한 리스트는 안드라 프라데쉬 주에 떨랑가나 지역이 통합되고 그 지역이 가지고 있는 별도의 리스트가 추가되면서 2개의 리스트가 안드라 프라데쉬 주에 병존하게 되었다. 안드라 리스트에는 86개의 공동체, 떨랑가나 지역 리스트에는 60개의 공동체가 등재되어 있었다(Singh, 1991: 96~97). 1961년에 칼엘카르위원회가 무위로 끝나면서 중앙정부가 각주에 별도로 각자 리스트를 만들어야 한다는 결정을 내린 이후 안드라 프라데쉬 주는 1963년 정부령으로 139개의 카스트를 사회적으로나 교육적으로 후진이라고 규정하였다. 그리고 이들에게 주 소재 의과대학 입학정원의 25%를 할당하였다. 하지만 이러한 정부령은 오로지 카스트에 기반을 두어 후진성을 판단하였다는 이유로 소송이 제기되어 결국에는 폐기되었다(안드라 프라데쉬 고등법원 판결문 AIR 1987 AP53, 3항).

그 이후 1966년에 안드라 프라데쉬 주정부는 또 다시 정부령으로 112개 공동체를 후진계층으로 분류하였다.14) 이 분류에 따라서 전문직 대학 입학만이 아니라 정부직도 할당을 하도록 하였다(AIR 1987 AP53, 4항). 이러한 정부 결정 역시 소송에 휘말렸고 결국 또 패소하였다. 이번에도 제대로 된 조사와 구체적인 자료가 없이 후진계층을 분류하였다는 이유였다(Singh, 1991: 99; Venkatesu, 2003: 190~192).

이 결과 정부는 정부령으로 1968년에 위원회를 설립하여 선정 기준과 후진계층 리스트를 만들도록 하였다. 이 위원회는 '아난싸라만(Anantharaman) 위원회'로 불리는데 이것은 위원장이 아난싸라만(K. N. Anantharaman)이었기 때문이다. 당초 위원장은 그가 아닌 프라사드(Manohar Prasad)였으나 1969년에 사직하였고 최종 보고서는 아난싸라만 위원장의 이름으로 나왔다.15) 이 위원회가 사용한 후진계층의 판정 기준은 네 가지를 충족하여야 하였는데, 그것은 (1) 해당 계층 또는 공동체 전반의 일반적인 빈곤 수준, (2) 해당 계층의 시민이 추구하는 직업들이 열위적이거나, 정결하지 않거나, 고상하지 않거나(undignified) 그렇게 보수가 좋지 않거나 혹은 영향력이나 권력을 행사하지 않아야만 함, (3) 힌두교도와 관련된 카스트 그리고 (4) 교육적 후진성이다. 이러한 기준에 근거하여 1970년에 정부에 제출한 보고서에서 동 위원회는 93개의 후진계층 명단을 작성하였고, 이들에게 전문직 대학 입학정원 및 정부직의 30%를 각각 할당

---

14) 이 분류에서 사용한 기준은 빈곤, 낮은 교육 수준, 낮은 생활 수준, 거주지, 직업의 열위성 그리고 카스트였다(Venkatesu, 2003: 191).

15) 책(예, Singh, 1991)에 따라 이 위원회를 마노하르 프라사드 위원회라고 부르기도 하지만 동일한 위원회이다.

할 것을 권고하였다. 이 93개 계층은 A(38개 공동체), B(21개 공동체), C(1개 공동체), D(33개 공동체) 4개의 범주로 나누고 각 범주에 대해서 7%, 13%, 1%, 9%씩 할당할 것을 권고하였다. 또한 초기 10년 동안 시행한 뒤 이후에 재검토할 것도 권고하였다. 주정부는 이 보고서를 주의회와 안드라 프라데쉬 지역위원회에 회부하여 의견을 청취한 다음에 보고서를 수용하여 정부령을 공포하였다. 다만 내용에 있어서 할당비율을 25%로 낮추었고, 각 하위범주에 대해서 할당비율을 7%, 10%, 1%, 7%로 수정하였다(Venkatesu, 2003: 193~195; AIR 1987 AP53, 5항과 6항).

한편 이 정부령조차 소송을 당하게 되었다. 안드라 프라데쉬 주 법원은 카스트를 분류 기준으로 삼는 것은 부당하다고 판결하였지만, 최종적으로 주정부는 대법원에 상고하여 승소하였다. 대법원은 전체 카스트가 사회적으로나 교육적으로 후진적인 집단이라면 해당 카스트 집단을 후진계층으로 분류하는 것은 위헌이 아니라고 판결하였다.

1979년 4월 28~29일에 안드라 프라데쉬 후진계층 회의(conference)가 하이드라바드에서 개최되었는데 여기서는 할당제를 20년 더 연장할 것을 촉구하였고, 당시 주 수상은 이 회의에서 10년을 더 연장하여 1990~91년 학년까지 시행할 것이라고 선언하였다(AIR 1987 AP53, 9항).

한편 안사리(Sri M. A. Ansari)가 이끄는 주 [종교적] 소수집단위원회 (State Minorities Commission)는 회교도들 중에서도 소득이 연간 8,000 루피를 넘지 않는 후진적인 여건에 처한 일부 취약 섹션들이 후진계층에서 제외되어 정부의 재정지원을 받지 못하고 있다고 지적하였다. 따라서 주정부 내각은 1981년에 회교도집단을 포함한 다른 공동체를 추가로 후진계층에 포함하는 문제와 1970년 위원회의 보고서 내용과 그 이후 실행결과를 재검토하는 문제를 다루기 위하여 1인 위원회를 설립하도록 하였다. 이 결과 1982년 1월 22일에 라오 위원회(Muralidhara Rao Commission)를 설립하는 정부령을 발표하였고, 이 위원회는 1982년 9월 25일에 보고서를 제출하였다.

보고서 내용 중에는 다음 여섯 가지 추천사항들이 포함되었다 (Reddy, 1986: 12항).

(1) 아야라까(Ayyaraka)를 포함한 9개 공동체를 후진계층에 포함할 것.

(2) 지정카스트와 지정부족에 이중 등재되어 있는 특정 집단 2개를 후진계층 명단에서 삭제할 것.

(3) 직업이 구걸하는 것이라고 한 수식언을 2개의 카스트 집단 명칭에서 삭제하여 특정 집단을 후진계층에 포함하고 다른 집단은 삭제할 것.

(4) 4개의 후진계층 하위집단을 5개로 재분류할 것, C집단을 E집단으로 개명하고 D집단은 C집단과 D집단으로 양분할 것.

(5) 교육기관과 공직에서 할당비율을 25%에서 44%로 격상하고 5개 하위 집단별 할당비율을 A에서 E까지 각각 10%, 16%, 8%, 8% 그리고 2%로 변경할 것.

(6) 할당을 25년간 효력을 가지도록 하고 그 이후에는 자세한 재검토를 통하여 계속하거나 수정할 것.

이 보고서는 1986년 7월 15일에 주의회에 정부조치안과 더불어 회부되었고 같은 날 주정부는 정부령을 통해 위원회 보고서를 수용한다고 발표하였다. 이 포고령에는 위에서 본 라오위원회의 추천내용을 수용하되 일부 변경하였다. 구체적으로 보면, 위의 추천 항목 (ii)는 사실관계 파악의 오류를 이유로 거부하였다. 9개의 공동체를 추가로 후진계층에 등재하고 4개의 하위 범주를 5개로 변경하였고, 집단 C를 E로 변경하고 집단 D를 C와 D로 양분하였다. 그리고 전체 할당쿼터를 25%에서 44%로 높이고 각 하위집단별 할당비율은 10%, 16%, 8%, 8%, 2%로 조정하였다. 또한 할당제를 2000년까지 유지하고 승진과 부서 이전은 할당제의 적용을 받지 않도록 하였다. 할당 혜택은 연간 소득이 12,000루피를 넘지 않는 가족에게만 돌아가도록 제한하였다. 한편 총 후진계층의 수를 라오 보고서보다 44개가 더 많은 146개로 확대하였으며 이미 행하여진 충원 선발이나 입학 선발은 새로운 정부령에 의하여 영향을 받지 않는다고 명시하였다(AIR 1987 AR 53, 16항). 하지만 그 이후 제기된 소송에서 주 법원은 이러한 정부의 결정을 9월 5일에 무력화하였다. 그리하여 여전히 기존의 4개 범주에 기존의 할당비율을 적용하여 운영하게 되었다.

이후 1992년 대법원의 판결(Indra Sawhney vs Union of India 1992)에 따라서 다른 주와 마찬가지로 안드라 프라데쉬 주도 상임위원회를 설립하는 법안을 1993년에 통과시켰다. 이에 따라서 1994년 3월부터 새로운 상임위원회가 운영되기 시작하였다. 이 위원회는 고등법원 판사나 퇴직한 대법원판사를 위원장으로 하여 사회과학자 1인, 후진계층 문제의 전문지식 보유자 2인 그리고 정부비서직 직위를 가진 고위공무원으로 된 비서 1인으로 구성하도록 하였다. 이렇게 구성된 위원회의 첫 번째 위원장은 푸따스와미(K. S. Puttaswamy)였다. 그가 위원장으로 있는 동안 위원회는 활동 기한을 수차례 연기하여 최종 활동을 2003년에 종식하였지만 어떠한 보고서도 제출하지 못하였다. 그 이후에는 위원장인 수브라흐만얌(Dalava Subrahmanyam)을 위원장으로 하는 위원회가 2004년 11월부터 활동하였다. 앞선 위원회와 마찬가지로 2008년 9월부터 임기를 연장하여 활동하였지만, 3년 임기가 만료된 이후인 2011년부터 위원이 임명이 되지 않아서 사실상 공식 활동은 휴무에 들어간 상태다. 실제로 저자가 2014년 2월에 해당 위원회를 방문할 당시 위원회에는 과장급을 포함한 공무원 이외에는 공석인 상태였다.

이 위원회의 활동 당시인 2007년 안드라 프라데쉬 정부는 새로운 범주인 E그룹을 만들고 여기에 회교도 후진계층을 편입하였다. 그리고 기존의 25% 할당에 새로이 4%의 추가 할당을 실시한다고 발표하였다. 이것은 이후 소송에 휘말렸지만, 2010년 대법원 임시판결에 따라서 이 행정명령은 최종 판결이 날 때까지 당분간 유효한 상태로 남아 있다. 이 주에서 모든 할당은 10년 단위로 재검토되는데, 마지막으로 할당제도가 갱신된 것은 2011년 6월 1일이었다. 따라서 이후 10년 동안 지속될 것이다(G. O. Ms. No. 9, Backward Classes Welfare(C2) Department, 2011년 5월 17일).

# 제4장 기타후진계층의 우대정책 내용
## : 총괄적 검토

# 1. 공직 부문

## 1) 공직 부문 할당의 일반 규정

기타후진계층을 위한 우대정책 중 가장 대표적인 것이 정부직을 포함한 공공 부문 직위의 할당제다. 인도 정부 산하의 공무원 자리와 서비스직 중 직접 충원 방식으로 채워지는 직위의 27%를 원칙적으로 기타후진계층에 할당하게 되어 있다. 이러한 할당제의 혜택을 받으려면, 후진 카스트나 공동체는 만달위원회 보고서의 명단과 각 주 후진계층 명단에 동시에 올라와 있어야 한다. 어느 한 쪽에만 올라와 있는 경우에는 적용 대상이 될 수 없다.

직접채용의 할당은 1993년까지는 지정부족과 지정카스트에게만 해당하였다. 하지만 1993년 9월부터는 기타후진계층 역시 직접채용의 할당 혜택을 받게 되었다. 여기서 주의할 점은 일반 후보자들과 똑같은 기준으로 공개경쟁을 통하여 실력으로 채용된 기타후진계층의 후보자는 27% 할당 비율 계산에 포함되지 않는다는 점이다. 즉, 이들은 27% 이외에 추가로 얼마든지 선발될 수 있다.

이러한 할당제는 제5장에서 검토하는 바와 같이 특정 사람들(예, 부유층)이나 부문에는 예외적으로 적용되지 않는다. 그런데 기능공(artisans)이나 세습적인 직업에 종사하는 사람들에게는 이러한 예외 규정 자체가 적용되지 않는다(Muthuswamy and Brinda, 2011: 270~271).

할당제는 과학직과 기술직들에게도 적용이 된다. 다만 이러한 종류의 직위에는 최상위 A그룹의 공직 중에 최하위 단계의 직위까지만 할당을 적용하고, 그보다 더 고위의 직인 경우에는 할당제를 적용하지 않는다. 또한 할당 배제 적용을 받으려면 과학 관련 직위나 기술직 등 전문성이 있거나 연구를 직접 수행하거나 연구를 조직, 지도 또는 지시하는 직위와 관련 있어야 한다. 1975년 이전에는 지정카스트나 지정부족도 연구의 수행 및 조직, 지도와 지시의 목적을 가진 과학과 기술직의 경우에는 할당제의 혜택을 받지 않았다.[16] 하지만 1975년부터 지정카스트와 지정부족은 A그룹의 최하위 단계까지만 할당이 가능하도록 변경되었다. 그렇지만 이것조차도 세 가

---

16) 과학직과 기술직이 할당 대상에서 제외되려면, 여기서 명시한 세 가지 조건을 동시에 충족하여야만 한다. 즉, 그룹 A의 최하위 등급보다 상위 등급직이어야 하고, 내각비서실령으로 규정한 과학적이고 기술적인 직위로 분류되어 있어야 하고, 그러한 직위가 연구를 조직, 지도 그리고 지시하기 위한 것이거나 연구를 수행하기 위한 것이어야 한다.

지 경우, 즉 우주국(Department of Space) 전체, 전자국(Department of Electronics) 전체 및 원자에너지국(Department of Atomic Energy)의 훈련학교에 입소하는 훈련생 충원의 경우에는 여전히 1975년 이전의 행정명령이 유효한 상태다(Department of Personnel and Training, 2014: 8; Mukherjee, 2006: 78).

<글상자 4-1> 인도 공무원직(service)의 구분

인도의 공무원 조직과 관련하여 용어 설명이 필요하다. 우선 'post'는 직위를 의미하고 여기서는 일반적으로 직으로 번역한다. 'service'는 정부의 특정한 요구조건을 충족하기 위해서 만든 행정 조직(administrative division)이다. 'cadre'는 행정 조직(service)이나 별도의 단위조직으로 인가된 행정 조직의 일부의 공무원 정원을 의미한다. 인도 정부 조직에는 크게 전인도서비스, 중앙공무서비스(central civil services), 지방서비스(provincial services)가 있다. 이 중에서 전인도서비스는 다시 3개의 범주로 나뉘는데 인도행정서비스, 인도경찰서비스 그리고 인도산림서비스다. 이 세 서비스는 연방정부와 지방정부에 공통된 조직이다. 인도연방정부의 공무서비스는 4개의 집단으로 나뉜다. 그것은 각각 중앙정부 공무서비스 그룹 A, 그룹 B, 그룹 C, 그룹 D다. 그리고 인도의 정부의 공무원 직위는 급여에 따라서 다시 아래와 같이 그룹 A, 그룹 B, 그룹 C 그리고 그룹 D로 나뉜다.

〈직위의 구분과 설명〉

그룹A
1. (a) 고등행정등급 플러스 수준(75,500~80,000루피), 최상위 수준(apex scale) (80,000루피 고정), 내각비서실 수준(90,000루피 고정)의 중앙공무직위
   (b) 다음 등급 급여(grade pay)를 받는 중앙공무직위

- 급여범위(Pay Band)-4에 속하는 37,400~67,000루피의 급여 수준(scale of pay)에서 12,000루피, 10,000루피, 8,900루피 그리고 8,700루피를 지급
- 그리고 급여범위-3에 속하는 15,600~39,100루피의 급여 수준에서 7,600루피, 6,600루피, 5,400루피를 지급

## 그룹 B

2. 급여범위-2에 속하는 9,300~34,800루피의 급여 수준에서 5,400루피, 4,800루피, 4,600루피, 그리고 4,200루피 등급 급여를 받는 중앙공무직위

## 그룹 C

3. 급여범위-1에 속하는 5,200~20,200루피의 급여 수준에서 2,800루피, 2,400루피, 2,000루피, 1,900루피, 1,800루피 등급 급여를 받는 중앙공무직위

## 그룹 D

4. -IS 수준에 속하는 4,440~7,440루피의 급여 수준에서 1,300루피, 1,400루피, 1,600루피, 1,650루피의 등급 급여를 받는 중앙공무직위

—Sharma(2012: 42~50)

할당 적용을 받는 과학과 기술직의 경우, 다른 할당직과 다르게 단 한 번만 채용공고를 내면 된다. 또한 공고 이후에 적합한 기타후진계층이나 지정카스트 및 지정부족 후보를 찾을 수 없다면, 할당 대상직에서 해제할 수 있다. 다만 이 경우 할당해제 사유와 세부사항을 해당 위원회(후진계층의 경우에는 후진계층전국위원회)와 인사훈련국에 통고하여야만 한다(Department of Personnel and Training, 2014: 14).

이런 고도의 전문직은 할당에서 제외될 뿐만 아니라 충원 방식에 따라서, 혹은 다른 사유로 인해 할당에서 제외되는 직위도 있다. 인도의 공무원 충원의 여섯 가지 방식에는 파견(deputation), 흡수통합(absorption), 단기계약, 재임용, 승진, 직접 충원이 있는데 여기에서 할당의 대상이 되는 것은 직접 충원뿐이다(Mukherjee, 2006: 45~46). 지정카스트나 지정부족의 경우에는 승진 역시 할당의 대상이 되지만, 기타후진계층의 경우에 승진은 할당에서 제외되고 오로지 직접 충원만 해당이 된다. 파견은 보통 일정한 기간, 보통 3년에서 5년 동안 다른 부서로 가는 것을 말하고, 흡수는 새로운 부서로 옮기는 것을 말한다. 재임용은 주로 군인에게 해당하는 것으로 퇴직예정이거나 예비역으로 편입 예정인 사람을 임용하는 것을 의미한다. 이러한 임용 방식을 포함하여 다음 경우에는 할당이 적용이 되지 않는다(Mukherjee, 2006: 76~77; Department of Personnel and Training, 2014: 19).

(a) 군대

(b) 대통령이나 내각 각료의 개인 스태프

(c) 45일 이하 임시 임명[17]

(d) 특정업무수행 지정 직위(work-charged posts) 중 위급상황에 대처하기 위하여 만든 직위(예, 홍수 구호 업무 등)[18]

---

17) 비록 일급으로 지급하는 스태프의 임용에 할당을 적용하는 것이 비현실적일지라도 할당 대상 집단의 충원이 전체적으로 볼 때 지정비율 이하로 하락되지 않도록 주의하여야 한다. 비정규직원(causal workers)을 정규직으로 전환하여 임용할 때에도 직접채용의 할당원칙을 반드시 준수하여야만 한다. 우선 할당 정원을 기타 후진카스트 임시직원 중에서 채우고 만약에 여전히 잔여 할당 인원이 남더라도, 일반카스트 출신의 임시직원에서 선발하여서는 안 된다. 그런 경우에는 임시직원이 아닌 외부의 기타 후진카스트 출신자 중에서 채워야만 한다(Department of Personnel and Training, 2014: 15~16).

(e) 순수한 임시대체 목적의 특수 임명

(f) 한자리만 있는 공직19)

직접 충원은 공개시장에서 채용하는 것으로 일반적으로 필기시험을 보거나 면접을 실시하며 둘 다 하는 경우도 있다. 이것은 다양한 채용기구, 예를 들면 중앙정부인사위원회(Union Public Service Commission, 이하에서는 UPSC)나 직원선발위원회(Staff Selection Commission, 이하에서는 SSC)가 주관한다. 또한 어떤 경우에는 해당 국이나 부에서 직접 채용을 하기도 한다. 할당과 관련해서 직접 충원은 세 가지 유형으로 나누어지는데 전인도기반공개경쟁 채용, 전인도기반공개경쟁 이외 채용, 3급과 4급 지위에 대한 지역이나 지방민 채용이다. 전인도기반공개경쟁 채용이란 UPSC에 의한 모든 종류의 채용이나 SSC나 다른 기관이 주관하는 필기시험을 통해서 하는 채용을 의미한다. 그리하여 SSC나 다른 기관이 필기시험을 통하여 채용하면 전인도기반공개경쟁의 범주에 들어가지만, 필기시험을 보지 않고 채용할 경우 그런 범주에 속하지 않는다. 하지만 UPSC의 경우에는 경쟁 필기시험이 없이 채용하는 경우, 즉 단순히 면접만으로 선발하는 경우도 이 범주에 속한다. 전인도기반공개경쟁 이외 채용은 UPSC 이외에 다른 기관이 경쟁적인 필기시험을 보지 않고 채용하는 것이

---

18) 위급상황에 대처하기 위한 경우가 아니라면 할당 대상이 되는데, 다만 이 경우 할당비율은 그룹C와 그룹D에 준하여 적용한다.

19) 한 자리만 있는 공직의 경우, 비록 할당을 해야 하는 종류의 자리일지라도 비할당직으로 분류하여 채용한다. 하지만 그 다음에 공석이 생기는 경우 할당이 이월된 것으로 간주하여 할당직으로 분류하여 지정부족, 지정카스트 혹은 기타 후진카스트 후보 중에서 선발한다 (Department of Personnel and Training, 2014: 17).

다. SSC가 필기시험을 보지 않고 채용하는 것이 여기에 해당한다. 마지막으로 전인도기반이 아닌 지역이나 지방 기반 충원이 있다. 이것은 중앙정부가 해당 주나 인근 주에 위치한 중앙정부 관할의 하위직, 즉 그룹 C나 그룹 D 직위를 충원할 때 사용하는 것이다. 이 직위는 해당 지역이나 지방에 거주하는 사람만 지원할 수 있는 것은 아니지만 주로 그렇게 한다.[20)

27%의 할당제는 선발 영역과 경쟁 방식에 따라서 할당 명부를 다음과 같이 달리 작성하도록 했다. 전인도에 걸쳐서 공개경쟁으로 직접 충원하는 경우 27%를 할당하고, 공개경쟁이 아닌 방식으로 전인도에 걸쳐서 직접 충원하는 경우에는 25.84%를 할당한다. 이것은 지정카스트와 지정부족에 대한 할당비율과 기타후진계층의 할당비율을 합하여 총 50%를 넘지 못하게 한 대법원의 판결에 따른 것이다. 전인도공개경쟁 직접채용의 경우 지정카스트는 15%, 지정부족은 7.5%를 할당하는 반면, 전인도 공개경쟁 이외의 직접채용은 지정카스트 16.66%, 지정부족의 경우 7.5%를 할당하도록 되어 있기 때문에 후자의 경우 기타후진계층의 할당 채용비율이 25.84%로 낮추어진 것이다. 전인도기반 충원이 아닌 해당 지역이나 지방 출신의 후보들이 지원하는 그룹 C와 D에 대한 직접 충원은 중앙정부 차원에서 별도로 일정한 할당비율을 정하지 않기 때문에 주와 연방령에 따라 비율이 각각 다르다. 해당 지역에 할당 대상 주민이 차지

---

20) 그룹 A 직위의 경우에는 UPSC가 진급과 마찬가지로 직접 충원에서도 충원기구이다. 그룹 B 직위 중 급여가 10,500루피를 초과하지 않는 직의 경우에는 직접 충원을 할 때 UPSC와 상의할 필요가 없다. 그룹 B 직위 중 급여가 10,500루피 미만이거나 그룹 C 직위의 경우, SSC/부/국이 채용기구이다(Mukherjee, 2006: 235).

하는 비율에 맞추어서 할당하되 기타후진계층만 27%를 상한으로 하고 지정부족과 지정카스트를 합한 총 할당비율이 50%를 넘지 않도록 하고 있다(Department of Personnel and Training, 2014: 11). 자세한 주별 비율은 〈표 4-01〉을 참조하면 된다. 참고로 우리의 사례연구 대상인 안드라 프라데쉬 주의 경우에는 그 비율이 지정카스트의 경우 16%, 지정부족 7% 그리고 기타후진계층의 경우 27%다.

SSC가 주관하는 공개채용 시험의 경우, 선발 방식에 따라서 할당 비율이 달라진다. SSC가 주관하는 채용에서 보는 시험은 선발후보 명단을 작성하는 방식에 따라서 두 가지로 나뉜다. 하나는 전인도에 걸쳐서 공통된 단일 명단을 통하여 선발 대상 후보를 뽑는 경우와 다른 하나는 구역별(zone-wise)로 선발 대상 후보를 뽑는 경우다. 양자 모두 전국에 걸쳐서 단일 시험 문제를 가지고 시험을 보는 것은 동일하지만, 충원을 하고자 하는 기관이 받는 선발 대상 후보 명부가 전국적으로 작성이 되는지, 해당 후보자가 시험을 본 구역 내로 한정하여 작성되는지의 차이가 발생한다. 전국 단일 명부로부터 선발 대상 후보를 받는 조직의 경우 충원시 할당비율은 지정카스트 15%, 지정부족 7.5%, 기타후진계층 27%이지만, 구역에 기반을 두어 작성한 후보자 명부를 받는 경우에는 해당 구역 내의 지정부족, 지정카스트 그리고 기타후진계층의 인구비율에 따라서 할당을 달리한다. 대개는 이 구역은 주나 연방령의 경계선과 일치하지만 넓은 경우도 종종 있다(Mukherjee, 2006: 64~65). 예를 들어 구역선발의 경우, 해당 구역에 포함된 주들의 인구를 통합하여 계산한 뒤 계산한 인구비율에서 지정카스트와 지정부족의 비율만큼 먼저 할당비율을 정하고 나머지 비율에서 기타후진계층의 비율을 최대

## 〈표 4-01〉 인도 후진계층 내 하위 집단별 주별 할당비율

(단위: %)

| 주/연방령 | 할당비율 | | |
|---|---|---|---|
| | 지정카스트 | 지정부족 | 기타후진계층 |
| Andhra Pradesh | 16 | 7 | 27 |
| Arunachal Pradesh | 1 | 45 | 0 |
| Assam | 7 | 12 | 27 |
| Bihar | 16 | 1 | 27 |
| Chattisgarh | 12 | 32 | 6 |
| Goa | 2 | 12 | 18 |
| Gujarat | 7 | 15 | 27 |
| Haryana | 19 | 0 | 17 |
| Himachal Pradesh | 25 | 4 | 20 |
| Jammu & Kashmir | 8 | 11 | 27 |
| Jharkhand | 12 | 26 | 12 |
| Karnataka | 16 | 7 | 27 |
| Kerala | 10 | 1 | 27 |
| Madhya Pradesh | 15 | 20 | 15 |
| Maharashtra | 10 | 9 | 27 |
| Manipur | 3 | 34 | 13 |
| Meghalaya | 1 | 44 | 5 |
| Mizoram | 0 | 45 | 5 |
| Nagaland | 0 | 45 | 0 |
| Orissa | 16 | 22 | 12 |
| Punjab | 29 | 0 | 21 |
| Rajasthan | 17 | 13 | 20 |
| Sikkim | 5 | 21 | 24 |
| Tamil Nadu | 19 | 1 | 27 |
| Tripura | 17 | 31 | 2 |
| Uttaranchal | 18 | 3 | 13 |
| Uttar Pradesh | 21 | 1 | 27 |
| West Bengal | 23 | 5 | 22 |
| Andaman & Nicobar Islands | 0 | 8 | 27 |
| Chandigarh | 18 | 0 | 27 |
| Dadra & Nagar Haveli | 2 | 43 | 5 |
| Daman & Niu | 3 | 9 | 27 |
| Delhi | 15 | 7.5 | 27 |
| Lakshadweep | 0 | 45 | 0 |
| Pondicherry | 16 | 0 | 27 |

출처: Department of Personnel and Training(2014: 11~12).

27%까지 할당하도록 정한다.

또한 이러한 할당제는 좁은 의미의 정부 관료직뿐 아니라 공공부문 기업과 공공 부문 은행을 포함한 금융기관, 정부로부터 보조금을 받는 임의단체, 독립단체, 법정기관과 준정부기관들에게도 적용된다(Muthuswamy and Brinda, 2011: 277). 여기서 독립단체에는 정부 통제 하에 놓여 있는 시립회사, 협동단체, 대학 등이 포함된다. 하지만 나중에 보겠지만 실제로 교육 부문인 대학의 경우에는 할당제가 2000년대 중반에 와서야 실시되었다. 특이한 것은 정부산하 산업체의 산업노동자들의 경우에도 A, B, C, D등급 분류와 상관없이 할당제가 적용된다는 점이다(Department of Personnel and Training, 2014: 15).

비정부기구나 임의 단체의 경우에 그 자체로서 할당제를 반드시 실시하여야만 하는 것은 아니다. 하지만 인도 중앙정부는 교부금을 이들 기관에 지급하는 경우, 사전 전제 조건으로 할당제를 요구한다. 교부금의 지급 계약서에 "인도 정부가 지시하는 바에 따라서 우리단체 산하의 직위에 지정카스트, 지정부족 그리고 기타후진계층을 위한 할당제를 할 것에 동의한다."는 문구가 삽입되도록 하였다. 교부금을 받더라도 모든 기관이 할당제를 실시하는 것은 아니다. 그 중에서 (a) 20명을 초과하는 정규직원을 고용하고 있어야 하고 동시에 통상적인 지출의 50% 이상을 중앙정부로부터의 교부금으로 충원하고, (b) 등록단체나 협동단체이고 정부통합펀드에서 20만 루피나 그 이상의 일반용 교부금을 받는 경우에만 할당제 규정을 따르도록 되어 있다(Department of Personnel and Training, 2014: 18).

특정 해에 충원되도록 할당되었지만 해당 연도에 충원이 완료되지 않는 직위의 경우 할당에서 해제하지 않고 이후 최대 3년 동안 계속 충원 공고를 내어 충원이 이루어지도록 하였다. 3년 동안에도 충원이 되지 않는다면 그 직위는 그 다음 해에 할당에서 해제되어 일반인들에게 개방된다.

모든 직위는 충원 규정으로 필수(essential) 자격 요건과 바람직한 자격 요건이 사전에 명시되어 있다. 필수 자격 요건에는 학력 자격과 경력 요건이 있다. 지정부족과 지정카스트의 경우 관련 부와 국이 행정효율성을 저해하지 않는 범위 내에서 필요하다고 판단하면 경력 요건을 지정부족이나 지정카스트에 유리하게 완화할 수 있다. 그러나 기타후진계층의 경우 이러한 규정은 없다. 하지만 최소한의 필수 학력 자격이나 학력 기준이 명시된 경우에 이것은 지정부족이나 지정카스트 또는 기타후진계층 누구든 예외 없이 적용된다. 예를 들어, 특정 직위에 10학년 수료를 최소 학력 기준으로 제시하였다면, 지원자는 누구든 이 기준을 충족하여야 한다. 또 다른 경우에는 특정과목의 점수를 학력 자격으로 제시하는데, 기계공학에서 최소 상위 60% 점수를 받아야 한다고 하면, 지정카스트든 기타후진계층이든 이를 충족하여야 한다. 즉, 학력 관련 자격이 충원 규정에 들어가는 경우에는 일반인뿐 아니라 지정부족, 지정카스트 그리고 기타후진계층에게도 공히 적용된다(Mukherjee, 2006: 80; Department of Personnel and Training, 2014: 28~29·31). 이렇게 예외 없는 학력조건의 적용 때문에 공직 부문의 할당제는 그 자체로서는 무의미하게 되었다. 일정한 학력조건을 갖추지 못하면 공직할당도 그림의 떡에 불과할 수도 있다. 따라서 교육 부문의 우대정책을 통하여 기타후진계층의 학력 증진의 필요성이 제기된다.[21]

이미 언급한 바와 같이 할당을 통한 충원을 포함하여 어떠한 충원이나 선발에도 미리 공고한 필수 자격 기준이 존재한다. 기타후진계층 출신 후보들도 이러한 기본자격을 갖추어야만 할당직의 선발 대상으로 고려될 수 있다. 물론 충원될 할당직의 수보다 이러한 필수 기본자격을 갖춘 기타후진계층이 더 많다면 합격 요건은 더욱 높아진다. 앞에서 언급한 바와 같이 실력에 기반을 둔 충원후보 명단에 기타후진계층 출신이 들어가더라도 이것 때문에 할당으로 충원되는 기타후진계층의 공직자 수가 줄어들어서는 안 된다. 만약에 기타후진계층 후보가 실력에 기반을 둔 후보 명단에서 높은 순위를 차지하여 공직자가 되었다면 그는 그대로 공직자가 되고, 할당제 명단에서 제외된다. 이러한 선발 대상 명단은 공개경쟁 방식의 충원과 그 외 방식의 충원으로 나누어 별도로 작성되어야 한다.

그런데 필수 자격 요건은 그대로 유지하고, 기타후진계층에 할당된 쿼터를 채우기 위하여 필기시험과 인터뷰에서 합격커트라인 혹은 일반적인 선발 기준이나 점수를 지정카스트나 지정부족처럼 완화시킬 수 있다. 지정부족이나 지정카스트와 같이 필기시험에 의하든 아니든 직접 충원을 할 경우, 기타후진계층에게 할당된 정원만큼을 일반 선발 기준으로는 모두 채울 수가 없을 때, 할당 정원 중 미충원 인원만큼을 기타후진계층으로 채워야만 한다. 이렇게 미충원된 인원을 기타후진계층으로 채우기 위하여 일반적인 기준이 아

---

21) 일반적으로 정부의 최고위직인 전인도 및 중앙정부 서비스직 중 그룹 A, 중간그룹 서비스직 중 중앙정부 그룹 B에 속하는 경우 관보에 공시 여부와 상관없이 학사학위를 필수로 한다. 중앙비서국 혹은 사무국 서비스직(central secretariat service)에 참여하지 않는 부서의 보좌진급도 학사학위가 필수다. 그 이하 직의 경우에는 중앙정부직이라고 하더라도 학사학위는 필수 요건이 아니다(Department of Personnel and Training, 1987: chapter 9).

니라 완화된 기준을 적용하여 기타후진계층을 뽑을 수가 있다. 예를 들어 충원에서 합격선이 80점이었다면 이들의 경우 이보다 낮은 점수를 적용하여 선발할 수 있다는 의미다. 다만 이렇게 완화된 기준으로 선발한 인원조차도 해당 직위의 임명에 적합하다고 판단되어야 한다. 그런데 이렇게 완화된 기준으로도 100% 할당 인원을 기타후진계층으로 채울 수가 없을 경우 그 직위가 비기술적이거나 준기술적인 C와 D 그룹의 직위라면 최소한의 학력 기준을 충족한 지원자 중에서 가장 뛰어난 자를 선발할 수 있다. 다만 이 경우 행정 효율성을 저해하지 않기 위하여 선발된 이후 이들은 최소한의 직무 수행을 위한 기준을 충족하기 위하여 별도로 사내훈련을 받아야 한다. 이들은 이 사내훈련을 성공적으로 마친다는 것을 전제로 예비 임용이 된다(Department of Personnel and Training, 2014: 30).

또한 나이 상한선은 5살까지 연장해주는 지정부족이나 지정카스트와는 달리 기타후진계층의 경우는 3살까지 더 연장할 수 있도록 하였다. 지정부족과 지정카스트의 경우에는 충원시험 지원비를 면제받지만 기타후진계층은 이러한 혜택은 받지 못한다(Department of Personnel and Training, 2014: 28).

## 2) 공직 부문 할당의 실제과정: 할당 명부의 작성 원칙

할당할 때 할당범주별 할당순서표(roster)를 충원과정별로 직위마다 작성하도록 되어 있다. 이것은 승진과는 별도로 직접 충원만을 위한 할당범주별 할당순서표를 작성하여야 한다는 것을 의미한다. 과거에는 표 작성의 기준이 직위가 아닌 공석(vacancies)이었다. 대법원의 소송결과를 통하여 1997년 7월 2일부터 직위를 기준으로 해서 표를 작성하도록 변경되었다. 직위를 기준으로 하여 작성할 때와 공석을 기준으로 작성할 때를 비교하면 이 차이를 금방 알 수가 있다. 공석을 기준으로 할 때는 공개경쟁을 통한 전인도 기반 직접충원의 경우 200포인트(선발 인원수와 일치) 명부를, 공개경쟁 이외의 직접 충원의 경우에는 120포인트의 명부를 임용당국이 각각 준비해야만 하였다(Mukherjee, 2006: 91). 하지만 직위를 기반으로 한 명부제에서는 명부는 해당 직위에서 충원할 수 있는 수만큼의 포인트를 감안하여 명부를 작성하면 된다. 보다 큰 차이점은 직위를 기준으로 할 경우 공석을 기준으로 할 경우와는 다르게 해당 직위의 할당비율을 법으로 정한 수치보다 초과할 수 없다는 것이다. 반면에 공석을 기준으로 하였을 때에는 상황에 따라서 해당 직위에 할당되는 기타후진계층이나 지정카스트와 지정부족이 법으로 정한 인원을 초과할 수가 있다. 예를 들어 기존에 100석이 있는 직위에 비할당직이 51석일 경우, 이 중에서 50석이 사직이나 퇴직으로 부재하는 경우 공석을 기준으로 할당 명부를 작성하면 기존의 후진계층이나 지정카스트와 지정부족의 비율과 별도로 새롭게 50%의 15%, 7.5%, 27%가 추가로 할당을 받게 된다. 하지만 직위를 기준으로 한다면 이런 일이 벌어지지 않는다. 언제나 그 직위에 할당되는 최고비율은 범주별로 일정하게 유지되기 때문이다.

실제로 이렇게 직위별로 할당하는 경우 정부는 모범명부표를 작성하여 업무에 참고하도록 하고 있다. 예를 들어 공개경쟁 전인도 기반 직접채용이 실시되는 20명의 자리가 있는 직위의 경우 20포인트의 명부를 작성하여야 하는데, 그 결과는 〈표 4-02〉와 같다.

<표 4-02> 가상모범명부표: 20포인트인 경우

(단위: %)

| 직위의 번호 | 법정 할당비율 | | | 할당되는 범주 |
| --- | --- | --- | --- | --- |
| | 지정카스트 (15%) | 지정부족 (7.5%) | 기타후진계층 (27%) | |
| 1 | .15 | .075 | .27 | 비할당 |
| 2 | .30 | .15 | .54 | 비할당 |
| 3 | .45 | .225 | .81 | 비할당 |
| 4 | .60 | .300 | 1.08 | OBC-1 |
| 5 | .75 | .375 | 1.35 | 비할당 |
| 6 | .90 | .450 | 1.62 | 비할당 |
| 7 | 1.05 | .525 | 1.89 | SC |
| 8 | 1.20 | .600 | 2.16 | OBC-2 |
| 9 | 1.35 | .675 | 2.43 | 비할당 |
| 10 | 1.50 | .750 | 2.70 | 비할당 |
| 11 | 1.65 | .825 | 2.97 | 비할당 |
| 12 | 1.80 | .900 | 3.24 | OBC-3 |
| 13 | 1.95 | .975 | 3.51 | 비할딩 |
| 14 | 2.10 | 1.050 | 3.78 | ST-1 |
| 15 | 2.25 | 1.125 | 4.05 | SC-2 |
| 16 | 2.40 | 1.200 | 4.32 | OBC-4 |
| 17 | 2.55 | 1.275 | 4.59 | 비할당 |
| 18 | 2.70 | 1.350 | 4.86 | 비할당 |
| 19 | 2.85 | 1.425 | 5.13 | OBC-5 |
| 20 | 3.00 | 1.500 | 5.40 | SC-3 |

출처: Mukherjee(2006: 96~100)에서 재인용.

이렇게 해서 20개의 자리를 충원해야 할 경우, 할당비율에 따라 지정카스트는 3명, 지정부족은 1명, 기타후진계층은 5명을 할당제로 선발하도록 되어 있다. 이 중에서 채용공고가 나가는 순서대로 첫 번째 자리는 비할당으로 뽑고, 2번째와 3번째 자리도 역시 비할당으로 뽑는다. 하지만 4번째 자리를 채워야 하는 경우 이 자리는 기타후진계층에게 할당하도록 한다. 따라서 지정카스트나 지정부족이 더 열악하더라도 이들이 기타후진계층보다도 먼저 할당받을 권리를 부여해 주는 것은 아니다. 일정 비율을 맞추기 위하여 인원을 뽑아야 하는 경우 그 순번에는 전체의 할당비율을 맞추기 위하여 1에서 20까지의 고유한 할당범주가 붙게 된다. 이러한 할당범주의 순번은 정수를 먼저 채우는 것부터 배정을 하고 동일 순번에 2개 이상의 다른 범주가 동시에 정수로 된다면 그 중에서 소수점 이하의 숫자가 큰 범주에 먼저 자리를 할당하게 된다. 하지만 이 경우에도 특정 할당범주가 그 이전까지 자리를 배정받지 못한 경우가 있다면, 그 범주에 먼저 배정하는 것을 원칙으로 한다(Mukherjee, 2006: 96~100).

한편 이런 식으로 자리를 할당하다가 총 정원에 비례한 숫자보다 적은 자리가 할당되는 경우 총 정원에 비례한 비율을 채우기 위하여 마지막 자리부터 하나씩 밀어 올리는 경우도 있다. 예를 들어, 15명을 채워야 하는 직위라면 지정카스트 2명, 지정부족 1명 그리고 기타후진계층 4명을 할당하여야 한다. 하지만 위에서 말한 원칙대로 명부를 작성하다보면 기타후진계층 1명을 할당할 수가 없게 되고 대신 일반 공개로 1명을 더 뽑게 된다. 이러한 오류를 피하기 위하여 마지막으로 일반 공개로 정해놓은 직을 삭제하고 하나씩 할당범주를 밀어 올려서 제일 마지막 자리를 기타후진계층에게 할당하도록 한다. 이것을 이른바 '짜맞추기(squeezing)'라고 부른다 (Mukherjee, 2006: 110~114).

또한 14포인트 미만인 명부를 작성할 때는 또 다른 문제가 발생한다. 14명을 충원하는 명부를 작성할 때야 비로소 지정부족 1명을 할당하는 자리를 배정할 수가 있다. 만약에 그 미만으로 인원을 충원하여야 하는 경우 명부를 만들게 되면 지정부족은 영원히 할당을 받지 못하는 경우가 생긴다. 이런 사태를 막기 위하여 이른바 L자 명부를 작성하게 된다. 이것은 지정 포인트 지점에서부터 L자로 꺾어서 보충 인원의 할당제를 실시한다는 것이다(Department of Personnel and Training, 2014: 33~34). 예를 들어 7명의 자리가 있는 경우 포인트는 7인데 이 경우 L자형 명부는 〈표 4-03〉과 같다.

〈표 4-03〉 L자형 가상모범명부: 7포인트인 경우

| 직위 | 할당범주 (초기채용) | 보충 포인트 | | | | | | |
|---|---|---|---|---|---|---|---|---|
| | | 1 | 2 | 3 | 4 | 5 | 6 | 7 |
| 1 | 비할당 | | | | | | | |
| 2 | 비할당 | | | | | | | |
| 3 | 비할당 | | | | | | | |
| 4 | OBC | | | | | | | |
| 5 | 비할당 | | | | | | | |
| 6 | 비할당 | | | | | | | |
| 7 | SC | OBC | 비할당 | 비할당 | 비할당 | OBC | 비할당 | ST |

주) OBC: 기타후진계층, SC: 지정카스트, ST: 지정부족
출처: Department of Personnel and Training(2014: 33).

즉, 7포인트 명부인 경우 정상적으로 7명까지는 할당비율에 따라서 최초 임용을 실시하고 그 이후에는 마치 결원을 보충하는 식으로 하여 14포인트가 있는 명부에서 채용하는 방식으로 할당범주를 배당한다. 첫 채용부터 세 번째 채용까지는 비할당 일반채용이고 4번째 채용은 기타후진계층만을 위한 채용이 된다. 그 다음 두 번의 채용은 비할당 일반채용이 된다. 마지막 7번째의 채용은 지정

부족에게 자리가 돌아가게 된다. 이렇게 되면 가능한 모든 자리는 다 채워지게 된다. 여기서부터 오른쪽으로 'L'처럼 꺾어서 결원을 보충하게 된다. 8번째 충원부터는 결원을 보충하는 공고가 나가는데 1명이 나가는 경우 누가 나가든 상관없이 처음에는 기타후진계층이 할당을 받게 되고 그 다음 3번째 결원은 비할당 일반채용이 된다. 그리고 다시 기타후진계층에게 한 번 더 할당이 이루어지고 비할당 일반채용이 된 다음에 비로소 마지막으로 지정부족이 충원된다. 이러한 과정에서 보듯이 7번째 이후부터는 보충하는 방식이기 때문에, 실제로 특정 해의 경우 기존 충원된 인원 중 누가 나가느냐에 따라서 기타후진계층이 할당비율을 초과할 수도 있고 심지어는 지정부족이 한 명도 없는 경우가 생길 수 있다(Mukherjee, 2006: 115~119).

이렇게 모범 할당 명부를 작성하였다고 하더라도 실제 할당과정은 쉽지가 않다. 한 가지 이유는 새로운 일자리가 생겨나고 중간중간에 퇴직이나 다른 이유로 공석이 발생하기 때문이다. 정부의 공직 할당 가이드라인에 나오는 몇 가지 사례를 들어서 살펴보자.

첫 번째 사례로 모두 채워진 100개의 직위로 구성된 공무원단 가운데 16명은 지정카스트이고 7명은 지정부족, 29명은 기타후진계층이고 나머지 48명은 일반카스트 출신인 경우를 가정해보자. 이런 경우 지정카스트는 할당 정원인 15명을 초과하였다. 지정부족은 정원에 맞는 반면, 기타후진계층은 2명이 할당 정원보다 초과된 상태다. 그런데 이런 상황 속에서 7명의 퇴직으로 7개의 공석이 발생하였는데 7명 중 2명이 기타후진계층이고 1명이 지정카스트, 나머지가 일반카스트라고 가정하자. 또한 정년퇴임한 공직자 7명 중 어느 누구도 비할당, 즉 실력으로 선발된 공무원이 아니라고 가정하자. 이런 상황 속에서는 7개의 모든 공석이 비할당으로만 채워져야 한다. 왜냐하면, 기타후진계층 2명이 퇴임하면서도 원래 정원인 27명이 기타후진계층이고 지정카스트 역시 여전히 15명의 정원을 유지하고 있기 때문이다(Mukherjee, 2006: 213).

두 번째 사례는 이와 달리 할당 정원이 채워지지 않은 경우를 살펴보자. 100명의 총 인력을 거느린 공무원단에서 15명이 지정카스트, 6명이 지정부족, 25명이 기타후진계층이고 나머지 54명은 일반카스트라고 가정하자. 이 경우 기타후진계층은 할당 정원보다 2명이 적고 지정부족은 할당 정원보다 1명이 적다. 이듬해 7개의 공석이 발생하여 7명을 충원한다고 가정하자. 이런 경우 우선 3개의 자리를 할당석으로 지정하여 지정부족 1명, 기타후진계층 2명을 채워서 부족분을 보충하여야 한다. 그리하여 공석이 발생하였을 때는 모범 명부를 참고하여 그 순서대로 하는 것이 아니라, 부족분과 초과분을 할당 정원과 비교하여 할당석을 정한다. 모범 명부는 처음에 조직을 편제할 때 조직 인원 중에서 얼마나 많은 자리를 각각의 범주에 할당하여야 하는가를 정하기 위하여 필요한 것이다(Mukherjee, 2006: 213).

세 번째 사례는 앞의 두 번째 사례에서 단지 5개의 공석만 발생하였다고 가정하자. 이런 경우에도 여전히 지정부족 1명 그리고 기타후진계층 2명을 할당할 수 있을까? 그렇지 않다. 왜냐하면 50%의 할당 상한은 해당 연도의 공석 총수에도 적용이 되기 때문이다. 그리하여 할당할 수 있는 자리 수는 2개밖에 없다. 지정부족은 1석을 할당하되 기타후진계층의 경우에는 해당 연도에는 오로지 1개의 자리만 할당하고 나머지 1개는 이듬해로 이월하여 충원하여야만 한다. 이렇게 이월된 자리는 총 할당 50% 제한의 적용을 받지 않는다(Mukherjee, 2006: 214). 그리하여 다음 해 1석이 공석되고 이 자리는 전년도에서 이월된 미충원 자리인 기타후진계층에게 할당된다. 다음 해 충원된 자리가 1석이고 이 자리는 기타후진계층에게 할당되어 할당율이 100%에 이르지만 50%의 할당제한 규칙 적용을 받지 않는다.

## 2. 교육 부문

기타후진계층에 대한 우대정책 중 교육 부문에서의 정책의 실현은 앞의 공직할당과는 달리 상대적으로 느린 편이다. 1992년 11월 16일 인도 대법원 판결인 인디라 쏘흐니 대 인도 정부 소송 판결(Indira Sawhney vs Union of India)이 난 직후 인도 정부는 이 판결을 반영하여 공직 부문에서 기타후진계층이 할당을 받을 수 있도록 구체적인 시행령을 내렸다. 이 시행령은 1990년 8월 13일자 정부 비망록을 수정한 것이다. 그러나 이 당시에는 교육 부문, 특히 입학정원 할당에 관해서 중앙정부가 어떠한 명령도 내리지 않았다. 2006년에 와서야 비로소 중앙정부는 대학 입학과 관련하여 구체적인 할당조치를 시행하게 된다. 그 이전의 인도 정부는 기타후진계층에 대한 지원을 주로 장학금 혜택을 부여하는 것과 정부나 기타 민간 직장에 취직하기 위한 각종 시험에 대비하여 학습지도(coaching)를 제공하거나 기술·직업·공학·의학·농학·경영 과정에 입학하기 위한 시험에 대비하여 학습지도를 받도록 도와주는 식으로 진행하였다. 이것은 주로 시험 준비 학습지도센터의 입학 자격을 부여하는 방식으로 운영되었다. 또한 일단 대학이나 기타 하급 학교에 입학하고도 지낼 곳이 마땅하지 않은 학생들을 수용하기 위해서 기숙사를 국비 보조로 지을 수 있게 하였다. 이러한 장학금·기숙사·학습지도 등은 모두 일정 소득 이하인 사람만 받을 수 있도록 하였다. 따라서 기타후진계층 중에서 부유층의 경우 수혜 대상에서 제외하였다.

2006년 이전에는 이렇게 지정카스트나 지정부족과 달리 기타후진계층이 중앙정부 차원에서 고등교육 기관에 입학할 때 특별히 할당을 받을 수 있는 법안이나 정부령은 존재하지 않았다. 다만 입학 이전과 이후에 금전적으로 학습에 도움을 주는 것이 전부였다.

그러나 기타후진계층이 받는 금전적 혜택은 사실상 미미하다. 실제 기타후진계층이 받는 할당 이외의 혜택 총액은 지정카스트에 비하여 너무나 적다. 기타후진계층의 인구가 거의 두 배 이상 많기 때문에 1인당 평균 수혜액으로 따지면 더욱 적어진다. 이것은 할당 이외의 혜택(장학금·기숙사·지원금 등)을 관할하는 인도의 행정부서 (Ministry of Social Justice and Empowerment)의 연간 예산 편성을 보면 알 수 있다. 2011~12년도 예산 기준으로 볼 때 총 예산의 75.4%가 지정카스트에게 배정된 반면, 기타후진계층에게는 13.4%가 배정되었을 뿐이다. 따라서 기타후진계층을 위한 우대정책 중에서 현재는 비금전적 혜택이 가장 큰 비중을 차지하고 있다(〈표 4-04〉 참조).

기타후진계층을 위한 대학입학할당제의 도입은 2005년 93차 수정헌법에 기타후진계층의 대학 입학 문제를 명시적으로 언급함으로써 본격적으로 논의되기 시작하였다. 이 수정헌법은 헌법 15조 5항인데, 인도 대법원이 정부지원을 받지 않는 사립교육기관의 경

〈표 4-04〉 사회복지와 정의 담당 부서의 사회집단별 예산 편성(2011~2012)

(단위: 천만 루피)

| 대상 집단 | 교육 개발 | 경제 개발 | 사회역량 강화 | 재활 및 인력 개발 | 기타 | 총합 |
|---|---|---|---|---|---|---|
| 지정카스트 | 2,810 | 1,025 | 70 | 135 | 11 | 4,051 |
| 기타후진계층 | 644 | 70 | 0 | 5 | 0 | 719 |
| 장애인 | 11.98 | 58 | 100.01 | 190.01 | 120 | 480 |
| 사회보호 | 0 | 0 | 0 | 96 | 28 | 124 |
| 사무국 | 0 | 0 | 0 | 0 | 1 | 1 |
| 합계 | 3,465 | 1,153 | 170.01 | 426.01 | 160 | 5,375 |

주) 여기서 사회보호는 'social defence'를 옮긴 것으로 대상자는 노인이나 약물중독자 등이 포함된다.
출처: Ministry of Social Justice and Empowerment(2013: 183).

우 정부가 입시에 관여하는 것은 위헌이라는 판결을 내리자 유권자의 표를 의식한 인도 정치권이 한 목소리로 대법원의 판결에 반기를 들어 새롭게 헌법에 규정한 것이다.

2005년 수정헌법은 기타후진계층의 대학 입학 할당만을 언급한 것이 아니라, 국가에서 재정적 지원을 받지 않는 사립교육기관에까지 지정카스트와 지정부족의 대학입학할당제를 확대하는 것도 포함되었다. 또한 이러한 할당제의 외연 확대에는 소수집단의 교육기관은 제외된다는 핵심 내용도 들어갔다. 이러한 수정헌법으로 인하여 기타후진계층은 공직 부문만이 아니라 교육기관의 입학에서도 명시적으로 특별한 혜택을 받을 수 있게 되었다.

따라서 혹자는 93차 수정헌법을 만달 II라고 부른다. 첫 번째 만달은 당연히 기타후진계층의 공직 진출을 말하는 것이고 두 번째 만달은 교육기관의 입학에서 할당제 혜택을 받는 것이다. 그 이전에도 각 주 별로 기타후진계층에 대해서 대학이나 전문교육기관의 입학에서 할당제를 부분적으로 시행하여 왔지만, 전국적으로 공히 헌법에 의해 시행되는 것은 아니었다.

이러한 수정헌법이 통과되면서 이것을 뒷받침하기 위한 법안을 인도 정부가 마련하였는데 바로 '중앙교육기관(입학할당)법 2006 (Central Educational Institutions(Reservation in Admission) Act, 2006)'이다. 이 법안은 할당 대상의 교육기관을 중앙정부가 관리하거나 재정지원을 하는 중앙교육기관으로 한정하고 있다. 수정헌법에는 사립교육기관까지 포함하였지만, 인도 정부는 이것을 포함하는 할당제를 위한 시행 법령을 만들지 않고 중앙정부가 관리하는 대학기관에 한해서만 시행법을 만들었다. 그리하여 법률에 의하여 뒷받침되는 교육 부문 할당제는 중앙(공립)교육기관에 한정되어 있다.

할당 방식은 다음과 같다.

각 학문분야 혹은 대학(faculty)의 해당 연도에 허용된 입학정원 중에 15%는 지정카스트에게, 7.5%는 지정부족에게, 27%는 기타후진계층에게 할당한다.

27%를 할당하여 신입생을 선발한다고 할지라도 반드시 27%의 기타후진계층 학생이 선발되는 것은 아니다. 이들은 별도로 선발되지만 각 대학마다 자율적으로 설정할 수 있도록 한 입학시험에서의 커트라인 점수를 충족하지 못하면 선발될 수가 없다. 이 커트라인 점수는 일반 학생들의 커트라인 점수보다 훨씬 낮도록 설정되지만 이 최저 기준을 충족하지 못하는 학생들이 많고 이렇게 되면 할당된 기타후진계층 학생 정원을 해당 연도에 충원할 수 없게 된다.

또한 이러한 할당제는 헌법 부속 문서 6에서 언급하고 있는 부족 지역(tribal area)에 설립된 중앙교육기관은 예외로 한다. 또한 이

법의 부속 조항에서 언급하고 있는 국민적 혹은 전략적 중요성을 가진 기관, 연구기관, 월등한 기관(〈글상자 4-2〉 참조)은 적용받지 않는다.

또한 소수집단 교육기관도 이러한 할당제를 적용받지 않는다. 그리고 해당 대학의 모든 프로그램이나 과정에 할당이 적용되지만, 중앙정부가 해당 당국과 협의하에 지정할 수 있는 학문분야나 대학

〈글상자 4-2〉 할당 예외 적용을 받는 연구기관의 명단

1. Homi Bhabha National Institute, Mumbai와 10개 부속기관, 즉 Bhabha Atomic Research Center, Trombay; Indira Gandhi Center for Atomic Research, Kalpakkam; Raja Ramanna Center for Advanced Technology, Indore; Institute for Plasma Research, Gandhinagar; Variable Energy Cyclotron Center, Kolkata; Saha Institute of Nuclear Physics, Kolkata; Institute of Physics, Bhubaneshwar; Institute of Mathematical Sciences, Chennai; Harish-Chandra Research Institute, Allahabad; Tata Memorial Center, Mumbai.
2. Tata Institute of Fundamental Research, Mumbai.
3. North-Eastern Indira Gandhi Regional Institute of Health and Medical Science, Shillong
4. National Brain Research Centre, Manesar, Gurgaon.
5. Jawaharlal Nehru Center for Advanced Scientific Research, Bangalore
6. Physical Research Laboratory, Ahmedabad
7. Space Physics Laboratory, Thiruvananthapuram
8. Indian Institute of Remote Sensing, Behradun.

출처: Ministry of Human Resource Development,
http://mhrd.gov.in/sites/upload_files/mhrd/files/CEI-ResAdm-2006.pdf.

(faculty)에서 박사 후 과정을 포함하여 고도의 전문성을 가지는 과정이나 프로그램은 할당제를 적용받지 않는다.

　인도 정부는 기타후진계층의 할당제 실시로 인해 기존의 상층카스트들이 역차별 받는 것을 막고, 상층카스트들이 만달 II에 저항하는 것을 막기 위해 추가조치를 취하였다. 그 내용은 앞서 언급한 기타후진계층 학생에 대한 할당제에도 불구하고 해당 대학이나 학문분야에 지정카스트, 지정부족 그리고 기타후진계층에게 할당된 입학정원을 제외하고 남은 입학정원이 이 법안이 발효되기 바로 직전 학년보다 적어서는 안 된다고 명시한 것이다. 이 할당의 구체적인 시행안을 기획한 위원회는 이 규정을 두고서 기존의 정원을 그대로 두고 27%의 추가정원을 기타후진계층에 할당하고 그에 준하는 일반정원을 여기에 더하여 선발한다고 해석하였다. 예를 들어 기타후진계층에게 50명의 정원을 추가로 할당하게 되면 기존의 대학 입학 일반정원에서 50명이 줄어들게 되어 이만큼만 추가로 보충하는 식이 아니라 총 100명의 정원을 추가하는 것이다. 그리하여 각 대학이나 학문분야는 기타후진계층에 대한 할당제를 도입하기 위해 대학정원을 54% 증원하여야 하는 문제에 봉착하게 되었다. 이것은 단순히 입학정원의 증가만을 의미하는 것이 아니었다. 기존 교육 수준을 일정 정도로 유지하기 위해서는 적어도 학생 1인당 교수진의 수를 현상 유지해야 했다. 그리하여 교수진의 추가 증원이 필요하였다. 또한 인도의 특성상 많은 교수진이 사실상 캠퍼스 내에서 생활하고 있기 때문에 캠퍼스 내에 이들을 위한 숙소도 증설하여야만 하였다. 나아가 강의실과 그에 따른 부대시설 증축, 학생용 기숙사의 증설, 일반 직원의 충원 등도 같이 이루어져야만 하였다. 어떤 학교의 경우에는 부대시설 확장을 위한 교내 부지가 부족하여 토지를 새로 매입할 필요성도 제기되었다.

따라서 일시적인 교육시설 및 교수진의 증가로 인해 54%의 증원을 한꺼번에 할 수 없는 경우가 허다하였다. 실제로 어떤 학과의 경우에는 기존에 허용된 교수 충원 정원조차도 인력 부족으로 인해 비워두고 있는 실정이었다. 이러한 현실적인 요소를 감안하여 2007학년도부터 바로 시작할 수 없다면 차후 3년에 걸쳐서 서서히 진행하도록 허용하였다. 이런 경우 점차적으로 증원되는 학생 수에 비례하여 기타후진계층의 할당 학생 수도 증원하게 된다. 그리하여 표준적으로 1차 연도에 9%의 기타후진계층 학생 수를 할당 정원으로 배당하고 18%에 해당하는 총 입학정원을 증원한다. 2차 연도에도 이와 동일한 방식으로 진행하여 2차 연도까지는 18%의 기타후진계층을 할당하고 36%의 입학정원을 늘려야 한다. 마지막 3차 연도에는 나머지 9%를 추가로 할당하여 목표치인 27%의 기타후진계층 할당을 완료하고 이에 상응하여 학생 정원도 누적으로 총 54%를 증원하게 된다.

하지만 이러한 완화된 규정조차도 무리인 대학이 많아서 2010년 개정 법안을 통하여 3년을 더 연장하여 6년 만에 완료하도록 하였다. 2013년에 이 할당 정원 충원 수정 계획은 완료되었지만, 이 계획이 목표대로 달성되었는지는 미지수다. 저자가 인도대학지원위원회(University Grants Commission) 사무국과의 대담을 통하여 추정하건대 수정계획대로 목표가 달성되지 않은 것은 확실하지만 2014년 2월까지 아직 추가로 연장을 할지 아닐지는 정하여진 바가 없었다.

이것에서 알 수 있듯이 기타후진계층에 대한 대학입학할당제는 일반 상층카스트를 중심으로 강한 사회적 저항을 야기하였다. 이에 인도 정부는 그 시행을 3년간 순차적으로 할 수 있도록 함과 동시에 기존 일반 상층카스트의 대학 입학 정원이 줄어드는 일이 없도록 배려하였다. 또한 중앙정부가 관리하거나 보조금을 주는 중앙교육기관에 한정하여 할당제를 실시하도록 하였다. 또한 종교적 소수집단이 설립하여 운영하는 양질의 대학이나 고등교육기관은 할당제에서 제외되었을 뿐만 아니라, 새롭게 부상하는 시장 수요에 부응하여 설립된 수많은 다른 사립교육기관 역시 이 법안의 시행 대상에 포함시키지 않음으로써 간접적으로 할당제를 유예하였다. 지정부족과 지정카스트의 경우와 비교할 때 특징적인 점은 이들의 경우 할당이 교육분야에서 시작하여 공직분야로 확대된 반면, 기타후진계층의 경우에는 반대로 공직분야에서 출발하여 교육분야에 대한 요구로 점차 확대되었다는 점이다.[22] 이러한 교육분야의 할당은 기타후진계층의 역량강화를 위해서는 필수적인데, 그 이유는 대부분의 중위 및 고위층 공직 충원은 학력 기준이 존재하기 때문이다. 만약에 학사학위가 없다면 공직할당 자체를 받을 수 없는 경우가 허다하다. 공직할당에서 학위 요건은 면제나 완화되지 않는 필수 기본 요건에 속한다.

---

22) 1973년에 처음으로 인도공대(IIT)의 입학정원을 지정카스트와 지정부족에게 할당하였다 (Sinha, 2009: 111).

## 〈글상자 4-3〉
## 기타후진계층 교육 할당을 위한 감독위원회 보고서 실행방안 요약

법령에서 정한 기타후진계층의 고등교육 기관에서의 할당제 실행을 위한 구체적인 방안을 만들기 위하여 정부는 수상의 명령으로 2006년 5월 27일 감독위원회(Oversight Committee)를 설치하고 2006년 9월 30일까지 논의 결과를 보고받았다. 이 위원회의 구체적인 안에 따르면, 추가할당 대상이 되는 기관은 기존의 지정카스트와 지정부족에 대해 할당제를 실시하고 있었던 고등교육기관이며, 연구개발이 최우선인 기관은 제외되었다. 할당제를 통하여 들어오는 학생들의 입학시험자격기준선(threshold marks)을 결정할 때 인도공대(IIT), 인도과학대(IIS), 인도경영대(IIM), 인도의과대(AIIMS)나 다른 예외적인 양질의 교육기관은 기존의 교육 수준을 유지하기 위하여 자율적으로 정할 수 있도록 하였다. 그 외에 다른 교육기관의 경우에는 최종입학 커트라인을 지정부족과 지정카스트보다는 조금 높게 정하지만 비할당의 일반 학생들보다는 낮게 중간의 어느 지점에서 정하도록 하였다. 대학 입학을 위하여 기본적으로 불리한 처지에 놓여 있는 학생들의 부진한 학업능력을 바로잡기 위해서 대학입시 준비교정조치(remedial preparatory measures)를 입안하도록 하였다. 기타후진계층의 할당제를 온전히 시행하기 위하여 가장 시급한 문제는 적절한 교수진을 확보하는 것으로 보고, 이를 위해 기존의 교수 중 정년이 다 되어가는 교수를 일정 기간 재고용하는 방안을 포함하여 새로 충원하는 교수들을 늘리기 위하여 교수채용 자격 기준을 완화하는 방안도 고려되었다. 또한 급여 조정을 포함하여 교수직이 민간 부문에 비하여 보다 매력적으로 보이도록 하는 각종 방안을 제시하였다.

실제로 할당제의 적용을 새로이 받는 기관은 여러 개의 다른 범주로 구성되어 있다. 그것은 공학과 기술교육기관, 경영교육기관, 중앙정부 설립대학, 의학교육기관, 농학교육기관 등이다. 이 중 공학과 기술 기관은 IIT, IIS, National Institute of Technology(NIT), National Institute of Technical Teacher's Training Research(NITTTR)와 다른 중앙정부 기술교육기관을 포함한 39개 기관으로 구성되어 있고 기존 학생 수는 97,685명이다. 여기서 54%의 증가는 53,315명을 더 정원을 늘리는 것을 의미한다. 또한 교수 대 학생의 비율을 1:9로 설정하면 3년 동안 총 5,700명의 교수진이 추가로 충원되어야 한다.

경영학 교육기관에는 7개의 기관이 포함되는데, IIM과 National Institute of Industrial Engineering(NITIE)이 들어간다. 여기서는 할당제의 적용을 받는 것은 2년 과정의 정규 대학원 학위과정에 국한되고 펠로우 프로그램이나 경영자개발프로그램(executive development programs)과 같이 기존 취업자를 위한 프로그램은 대상에서 제외된다. 할당제를 실행하기 위해서는 매년 966명의 학생을 3년 동안 증원하여야 하고, 동시에 교수 대 학생의 비율을 1:14로 가정했을 경우 139명의 교수를 신규 채용해야만 한다.

중앙정부 설립대학의 경우 17개의 종합대학이 여기에 들어간다. 이 중에서 4개의 대학인 Babasaheb Bhimrao Ambedkar University, Nagaland University, Mizoram University, North East Hill University는 기존에 50% 이상의 정원을 할당하여 왔다. 따라서 추가로 기타후진계층에 대한 할당을 실시할 여력이 없다. 그렇다고 기존의 할당 인원을 줄여서 기타후진계층에게로 돌릴 수도 없는 형편이다. 또한 Manipur University도 지정부족에게 33%의 정원을 이미 할당하고 있기 때문에 기타후진계층에 대한 추가할당은 제한적일 수밖에 없다.

중앙정부 설립대학의 기존 학생 정원이 92,011명이다. 추가로 증원되는 학생수가 49,686명으로 추산되고 교수 대 학생 비율 평균을 1:12로 잡을 경우 교수진의 경우 6,609명이 추가로 필요하다. 감독위원회가 보고서를 작성할 당시에는 20개의 중앙정부 설립대학이 있었지만 2개는 중앙정부로부터 직접 재정지원을 받고 있었고 하나는 회교집단의 소수집단대학으로 분류되어 감독위원회의 보고서에는 제외되었다.[23]

의학 교육기관의 경우 11개의 교육기관이 할당 대상이 되는데, 모두 중앙정부의 펀드에서 직접 재정지원을 받는다. 이 기관은 MBBS, MS/MD, Diploma와 기타 과정을 제공한다. 총 564명의 정원을 증원해야 하는데, 이 중 학부과정이 191명이고 대학원과정이 373명이다. 학부과정의 경우 기관별 총 정원 150명 규제 때문에 일부기관은 추가 정원을 늘릴 수가 없다. Lady Hardinge Medical College and Varhman Mahavir

Medical College가 여기에 해당한다. 교수진의 경우 일부 대학을 제외하고도 285명의 추가증원이 필요하다고 보았다.

농학 교육기관의 경우 Indian Council of Agriculture Research, Deemed Universities와 Central Agricultural University 등 5개의 국립기관이 있다. 현재 입학 인원은 825명이고 추가 증원은 454명이다. 현재 교수진의 숫자는 1,015명으로 1,087명의 추가증원이 필요하다고 보았다.

기타후진계층에 대한 할당제를 실시함에 있어서 부유층(creamy layers) 문제를 어떻게 할 것인가를 두고 논란이 있었다. 그러나 결국 감독 위원회 차원에서는 이와 관련하여 어떠한 권고나 의견을 내지 않기로 하였다.

출처: Oversight Committee,
      http://oversightcommittee.gov.in/fireport.doc;
      http://oversightcommittee.gov.in/ocrep.pdf

여기서는 구체적으로 인도의 대표 연구대학인 네루대학(JNU)의 상황을 예시로 살펴보고자 한다. 참고하고자 하는 자료는 인도 인재개발부가 의회의 기타후진계층복지위원회에서 구두로 증언한 자료이다(Ministry of Human Resource Development, 2013). 이 자료에 따르면 네루대학은 2008~2009학년도에 기타후진계층 할당은 12%, 이듬해에는 18% 그리고 3년차부터는 27%를 할당하고 있다. 자격증 과정은 생략하고 일반 학위과정만 살펴보면 다음과 같다. 각 항목당 수치는 2008~2009년 수치/2009~2010년 수치/2010~2011년 수치를 나타낸다.

---

23) 감독위원회가 보고서를 작성한 이후에 중앙정부 설립대학은 수가 늘어나서 2013년 12월 27일 현재 45개에 이른다. 인도의 경우 주립 종합대학은 311개이고, 준종합대학(deemed universities) 129개, 중앙정부 설립대학 45개, 사립대학 171개, 이렇게 총 656개의 종합대학(university)이 존재한다.

<표 4-05> 네루대학 기타후진계층 학생 입학 현황(2008~2011)

(단위: 명)

| | 학부과정 | 석·박사과정 | 준박사과정 | 통합박사 |
|---|---|---|---|---|
| 법 시행 전 학생정원 | 265/265/265 | 604/604/604 | 627/627/627 | 56/ 56/ 56 |
| 추가 증원 인원 | 52/ 84/143 | 117/187/331 | 126/217/342 | 10/ 17/ 30 |
| 총 정원 | 317/349/408 | 721/791/935 | 753/844/969 | 66/ 73/ 86 |
| OBC 할당 인원 | 41/ 63/108 | 86/143/250 | 92/151/258 | 8/ 13/ 23 |
| OBC 합격 인원 | 40/ 83/121 | 59/146/182 | 63/108/139 | -/ - / - |
| OBC 입학 인원 | 40/ 63/ 92 | 59/ 87/118 | 63/ 89/123 | |
| 미충원 OBC 인원 | 1/ - / 16 | 27/ 56/132 | 29/ 62/135 | |
| 일반 충원 전환 인원 | 1/ 0/ 5 | 15/ 36/ 97 | 29/ 43/ 98 | |
| 공개경쟁입학 OBC 인원 | 47/ 43/ 23 | 35/ 45/ 44 | 74/ 83/ 81 | |

주1) 석·박사 통합과정의 경우에는 범주별 자료가 제공되지 않고 있다.
주2) 각 항목당 수치: 2008~2009/2009~2010/2010~2011
주3) 준박사과정은 석사와 박사학위 중간 단계의 과정으로 대개는 2년 과정이다.
주4) OBC는 기타후진계층을 의미함
출처: Ministry of Human Resource Development, 2013.

이 표에서 보듯이 기타후진계층의 할당 정원을 연차별로 증원하고 총 정원 역시 증원하였지만 할당된 정원을 해마다 대부분 충원하지 못하고 결원이 발생하였다. 이 결원 중 일부는 일반 공개경쟁 정원으로 전환하여 학생을 선발하였다. 또한 기타후진계층 출신이지만 할당 정원 범주에서 선발되지 않고 일반 공개경쟁 범주에서 우수한 성적으로 선발된 인원도 꽤 있다는 것을 알 수 있다. 결과적으로, 네루대학의 할당 정원만 보면 기타후진계층이 27%에 못 미치지만 공개경쟁으로 선발된 기타후진계층 입학생을 포함하면 전체 입학생 중에서 이들이 차지하는 비중은 27%가 넘게 된다.

네루대학의 경우 다른 대학과 마찬가지로 할당된 27%의 정원을 충원하지 못하는 이유는 입학시험을 본 기타후진계층 학생들의 성적이 입학을 위한 최저점수에도 미치지 못하였기 때문이다. 기타후진계층의 경우 합격커트라인 점수가 일반 학생들보다 10%가 낮은 상태다. 이것은 지정부족이나 지정카스트보다는 높은 것이다. 준박사나 박사과정의 경우 일반 학생이 40%가 최저점수라면 기타후진계층은 36%고 지정부족과 지정카스트는 30%다. 학사와 석사과정의 경우에는 30%가 일반 학생 커트라인이고 기타후진계층은 27%고 지정부족과 지정카스트는 25%다.

1993년에 기타후진계층을 위한 공직 임용 할당제가 이미 실시되었고 교육기관 역시 할당제의 적용을 받도록 하였다. 그러나 교직원 충원의 경우 할당제가 그때부터 실제로 시행된 것이 아니었다. 교직원 충원의 할당제는 학생입학정원 할당제를 실시하는 2006년에 와서야 시작되었다. 그 해에 비로소 중앙정부 설립대학과 교육기관의 교수진 27%가 기타후진계층에게 할당되기 시작하였다. 또한 모든 주립대학이나 그 부설대학(state universities and affiliated colleges)도 할당제를 실시하도록 하였다. 그리고 이러한 할당제는 교수직만이 아니라 일반직에도 마찬가지로 적용되었다. 그렇지만 교수직의 할당은 직위 고하를 막론하고 실시한 것은 아니었다. 강사(lecturer)나 조교수(assistant professor)직만 할당을 하고 부교수나 정교수는 할당제에서 배제되었다(University Grants Commission, 2007).

2012~2013학년도 기준으로 중앙정부 설립대학 35개 대학에 있는 조교수 총 정원 7,807명 가운데 5,075명만이 충원되었고 2,336명이 미충원으로 비어 있다. 이렇게 충원된 5,075명 중에 기타후진계층은 467명으로 9.2%에 불과하다. 이것은 지정카스트의 교수진(562명)보다 적은 수치다(University Grants Commission, 2007). 네루대학의 경우 할당 대상인 조교수 충원을 보면 2011~2012년도 학년도까지 조

교수 130여 명 중에서 기타후진계층 조교수는 한 명도 없으며, 2012~2013년도에 와서야 비로소 전체 149명 조교수 중에서 11명이 기타후진계층 출신으로 기록되고 있다(Ministry of Human Resource Development, 2013).

〈표 4-06〉 중앙정부 설립대학 소속 교수진의 사회집단별 분포도

(단위: 명)

| | 총 정원 | 충원 인원 | 일반카스트 | 지정부족 | 지정계층 | 기타후진계층 | 장애인 |
|---|---|---|---|---|---|---|---|
| 조교수 | 7,807 | 5,075 | 3,668 | 562 | 286 | 467 | 67 |
| 부교수 | 4,114 | 2,424 | 2,270 | 71 | 24 | 45 | 13 |
| 정교수 | 2,104 | 1,236 | 1,172 | 28 | 7 | 21 | 8 |

출처: University Grants Commission, 2007.

입학정원 할당제의 원만한 이행을 위해서 필수적인 요건이 교수진의 확충이다. 그러나 표에서 보는 미충원 인원을 감안하면, 실제로 학생 입학정원의 할당 또한 원래 계획대로 제대로 이루어지지 않았을 가능성이 농후하다. 인가된 교수의 총 정원 14,025명 가운데 8,735명만 충원되어 실제 충원률은 62.3% 정도다. 입학정원 할당제의 완벽한 이행을 위해서 인가된 총 인원을 반드시 모두 충원하여야만 하는 것은 아니지만, 교수진의 부족현상은 입학정원 할당제의 이행을 위해서 필수적인 교수진의 확충이 아직 미완이라는 것을 보여준다.

# 3. 정치 부문

중앙정부 차원에서 제공하는 기타후진계층을 위한 정치적 배려
는 전무한 상태다. 그리하여 중앙정부기관 중에 정치적 의석에 해
당하는 자리는 기타후진계층에게 할당되지 않는다. 이것은 지정부
족이나 지정카스트의 경우 의회 선출직을 일정한 비율로 할당하여
주는 규정과 차이가 난다.

중앙정부 선출직뿐 아니라 주의회에서도 여전히 할당제가 실시
되지 않고 있다. 하지만 모든 선출직에서 기타후진계층의 할당제가
배제되고 있는 것은 아니다. 인도의 최하위 지방자치 단위인 마을
이나 지구(district), 그리고 그 중간 단위에서 운영하는 판차얏과 시
에서 운영하는 시 자치회의 등에서는 기타후진계층을 위한 선출직
할당을 실시하고 있다. 그 중에서 대표적인 지방자치기구인 판차얏
의 운영을 살펴보고 기타후진계층의 할당제가 어떻게 실시되고 있
는지를 알아보고자 한다.

지방차지기구에서 기타후진계층의 할당은 헌법에서 규정한 의무
조항은 아니지만 각 주마다 자율적으로 법안을 만들어 필요한 경우
판차얏 의석을 할당하도록 허용한 것은 이미 제3장에서 살펴보았
다. 1993년 발효된 개헌 조항에 의해서 판차얏은 그동안 주정부에
따라 설치와 운영이 임의적이었던 기구에서 헌법에 보장된 엄연한
강제기구로서 승격하였고, 비교적 세부적인 설치 규정까지 헌법의
내용으로 승격되었다. 이것은 인도의 지방자치정부의 아버지(father
of local self-government)로 불리는 리폰경(Lord Lipon)이 예전부터 유지
들로 구성된 마을운영위원회로 존재하였던 판차얏(글자 그대로의 의

미는 5인 회의체)기구를 1882년 영국 식민지 당시 최초로 정부행정기구의 일부로 편입하도록 결의한 이래로 처음 있는 일이었다.[24]

우선 그 이전까지 논란이 되었던 판차얏의 단위별 조직을 세 단계로 명문화하였다. 이전까지는 어떤 주는 단층 구조로만 이루어진 판차얏이 있었고, 다른 주에서는 중층 구조로 이루어진 경우가 있었다. 또 다른 어떤 주에는 3층 구조 내지 4층 구조로 이루어져 있었다 (Awasmy, 2006: 268). 독립 이후 최초로 1957년에 설치된 판차얏 관련 위원회인 '발원트 라이메타 위원회(Balwant Rai Mehta Committee)'가 마을 단위, 블록, 지구(district) 단위인 3층 구조로 판차얏 운영 구조를 짤 것을 권고하였다. 그러나 최초로 판차얏 통치기구를 설립한 주인 라자스탄과 두 번째로 설립한 안드라 프라데쉬 주를 비롯하여 약 10개의 주에서만 3층 구조로 운영되고 있있다.

하지만 이렇게 3층 구조를 가지고 있었던 주들조차 각 단위별로 형성된 판차얏기구들 사이의 유기적인 관계가 서로 상이하였다. 그리하여 어떤 주의 경우에는 블록 단위의 판차얏기구가 가장 강력한 권한을 가지고 있었고, 다른 주의 경우에는 지구 단위의 판차얏기구가 최종적으로 모든 권한을 행사하는 식이었다. 이것은 각종 개발프로그램의 실행을 누가 책임지느냐와 관련이 있었다. 보다 넓은 지역에서의 통합적인 개발프로그램을 효과적으로 수행하고자 하는 주의 경우에는 권한을 가능한 상위기구에 집중하고 하위 단위는 보조적인 역할만 수행하도록 하였다. 또한 주민들의 참여와 지역별

---

24) 독립 후 인도 헌법 초안에는 마을 단위 판차얏이 없었다. 마을 판차얏은 인도 헌법의 산물이 아니라 영국 식민지 지배의 산물이었다(Awasthy, 2006: 266).

차별성에 맞는 프로그램을 강조하는 주의 경우에는 권한을 가능한 하위기구로 이전하는 경향이 있었다.

각 주별로 판차얏을 운영하는 방식에 차이가 있었음에도 불구하고 판차얏기구는 1960년과 1970년 중반까지 사실상 유명무실화되어 지방자치기구로서 제 기능을 수행하지 못하였다. 이것은 각종 지역개발과 관련된 중앙정부의 권한이 강화된 것과 연관이 있었다. 특히 흉년으로 인한 경제적 곤궁을 극복하기 위하여 중앙정부가 직접 나서서 기존의 관료조직을 통하여 농업생산력을 높이기 위한 녹색혁명을 추진하면서 지방자치기구는 중요한 개발정책의 집행과 계획에서 소외되었다(Awasmy, 2006: 269~270).

이후 인디라 간디 정부의 중앙집권화에 반대한 야당연합인 자나타 정부가 들어서면서 1977년에 두 번째로 판차얏 관련 중앙정부위원회가 구성되었다. 이 아쇼크 메타 위원회(Ashok Mehta Committee)는 1977년 12월부터 1978년 8월까지 활동하였고, 판차얏 관련 132개의 권고 내용을 보고서에 담았다. 이러한 권고 내용에는 3층 구조를 2층 구조로 변경할 것과 지구 단위의 판차얏이 가장 강한 권한을 부여받아야 한다는 내용이 들어가 있었다. 하지만 자나타 정부가 조기에 붕괴되면서 이러한 권고안은 중앙정부 차원에서 빛을 보지 못하였다.

그 이후에도 중앙정부 차원에서 각각 1985년과 1986년 두 번의 위원회가 국민회의(Congress) 정부 아래 구성되어 판차얏기구를 헌법기구로 승격하는 문제를 포함하여 각종 안을 만들었다. 그러나 법안으로 최종 통과되지는 않았다. 이러한 판차얏의 권한을 명문화하고 강화하는 방안은 국민회의 정부가 붕괴되고 야당연합인 국민전선(National Front)정부가 1989년 11월에 들어선 뒤 재시도 되었다. 그 결과 1990년 9월에 헌법개정안이 상정되었는데 국민전선 정부가 조기 붕괴되는 바람에 또 다시 무산되었다. 하지만 재집권한 인도 국민회의의 라오(Narasimha Rao)정부는 각종 논쟁적인 부분들을 삭제한 새로운 수정안을 1991년 9월에 상정하였고, 최종적으로 이 안은 1993년 4월에 발효되었다(Laxmikanth, 2007: 282~283). 그리하여 기타후진계층에 대한 공식적인 할당은 1990년대 초반에 와서야 가능하게 되었다.[25]

　1992년 73번째 수정된 헌법에서는 마을 전원회의체인 그램 사바(Gram Sabha)를 판차얏 통치 구조의 기초 기구로 설정하고 있다. 이 기구는 투표권이 있는 마을 주민 전체로 구성된다. 이것에 기반해서 선출이 되는 마을 단위 판차얏, 중간 행정 단위의 판차얏 그리고 최고 행정 단위인 지구에서의 판차얏이 주의 특성과 관계없이 일률적으로 구성된다. 이 3층 구조의 판차얏 성원 모두는 주민들에 의해서 직접 선거로 뽑힌다. 중간과 상층 단위의 판차얏 의장은 선출된 성원 중에서 호선으로 뽑힌다. 다만 최하위 단위인 마을 판차얏의 의장은 주의회가 정하는 바에 따라서 선출되도록 하였다. 또한 판차얏의 의석 중 일정 부분을 지정부족과 지정카스트의 인구에 비례하여 할당하도록 하였고 여성 구성원의 비율도 최소한 1/3이 할당되도록 하였다. 이것은 모든 3개 단위의 판차얏에 공히 적용되고 판차얏 의장 역시 비슷한 방식으로 지정카스트, 지정부족 그리고

---

25) 지방자치기구에 대한 할당의 시작은 역사적으로 적어도 1935년 인도 정부령으로까지 거슬러 올라가지만 이때 마드라스의 경우 임명직 구성원, 회교도, 인도 기독교도, 지정카스트, 유럽인, 유럽계열 인도인, 여성 등에 국한되어 할당하였다(Awasthy, 2006: 265).

여성에게 할당되도록 하였다. 지금까지와 달리 주의회에 기타후진계층에 대한 할당을 추가로 할 수 있는 권한을 부여하였다.

한편 판차얏의 임기를 5년으로 고정하여 주정부가 자의적으로 해산시키거나 임기를 조정하는 것을 못하도록 막아 놓았다. 부득이하게 해산할 경우 해산일로부터 6개월 이내에 재선거를 실시하도록 명기하였다. 이와 더불어 그동안 모호하게 남아 있었던 판차얏의 권한과 기능을 명시하였는데, 특히 판차얏의 권한이 미치는 영역을 부속문서에 일일이 열거하였다. 이 11번째 부속조문(11<sup>th</sup> Schedule)에는 29개의 관할사안이 열거되어 있는데, 농업, 토지개량, 관개수로, 동물사육, 어업, 산림업 일부, 소규모 공업 등 경제개발 관련 사안 및 빈곤퇴치프로그램, 교육과 재교육, 도서관, 건강과 위생, 가족 복지 등 사회복지 구현과 관련된 것들이 포함되어 있다.

마지막으로 판차얏 통치의 취약점 중 하나로 지적되었던 재정자립도 문제가 언급되었다. 판차얏 스스로 세금이나 각종 부과금을 부과할 수 있는 권한을 부여하고 주정부가 징수한 재원 중 일정 부분을 판차얏에 할애하도록 하였다. 또 주정부 기금 중에서 판차얏에 지원금이 제공될 수 있도록 하고 판차얏 운영을 위한 별도기금을 설립할 수 있도록 하였다.

이러한 수정헌법이 통과된 이후 1994년 4월까지는 인도의 모든 주에서 지방자치기구로서 판차얏에 관한 법을 만들었다. 하지만 각 주마다 실제 판차얏의 운영은 차이가 난다(Awasthy, 2006: 277). 2013년 현재 각 주별 판차얏 구성의 세부사항은 〈표 4-07〉과 같다. 현재 마을 단위 판차얏의 경우 총 237,539개가 있고 인구 수 때문에 중간 단위를 두지 않고 있는 일부 주를 제외하면 중간 단위 판차얏의 경

<表 4-07> 각 주의 단위별 판차얏 수

(단위: 개)

| 주 이름 | 지구 단위 | 중간 단위 | 마을 단위 |
|---|---|---|---|
| ANDAMAN AND NICOBAR ISLANDS | 3 | 9 | 69 |
| ANDHRA PRADESH | 22 | 1,098 | 21,649 |
| ARUNACHAL PRADESH | 16 | 155 | 1,734 |
| ASSAM | 21 | 191 | 2,206 |
| BIHAR | 38 | 534 | 8,474 |
| CHANDIGARH | 1 | 1 | 17 |
| CHHATTISGARH | 18 | 146 | 9,777 |
| DADRA AND NAGAR HAVELI | 1 | N.A. | 11 |
| DAMAN AND DIU | 1 | N.A. | 14 |
| GOA | 2 | N.A. | 190 |
| GUJARAT | 26 | 223 | 13,883 |
| HARYANA | 21 | 125 | 6,081 |
| HIMACHAL PRADESH | 12 | 77 | 3,243 |
| JAMMU AND KASHMIR | 22 | 143 | 4,098 |
| JHARKHAND | 24 | 259 | 4,423 |
| KARNATAKA | 30 | 176 | 5,631 |
| KERALA | 14 | 152 | 977 |
| LAKSHADWEEP | 1 | N.A. | 10 |
| MADHYA PRADESH | 50 | 313 | 23,024 |
| MAHARASHTRA | 33 | 353 | 27,935 |
| MANIPUR | 4 | N.A. | 160 |
| ODISHA | 30 | 314 | 6,235 |
| PUDUCHERRY | N.A. | 10 | 98 |
| PUNJAB | 20 | 139 | 12,430 |
| RAJASTHAN | 33 | 248 | 9,193 |
| SIKKIM | 4 | N.A. | 176 |
| TAMIL NADU | 31 | 385 | 12,524 |
| TRIPURA | 8 | 26 | 511 |
| UTTARAKHAND | 13 | 95 | 7,555 |
| UTTAR PRADESH | 72 | 821 | 51,972 |
| WEST BENGAL | 18 | 333 | 3,239 |
| 총합 | 589 | 6,326 | 237,539 |

출처: http://lgdirectory.gov.in 2012년 9월 22일 검색.

우도 6,326개나 이른다. 최고 수준의 지구 단위 판차얏의 경우 전국에 걸쳐서 총 589개가 존재한다.

판차얏기구에서 의무적인 할당제를 규정한 지정카스트와 지정부족과는 달리 기타후진계층의 할당은 각 주의 판단에 맡겨져 있기 때문에, 할당 여부와 할당비율에 있어서 각 주마다 차이가 많다. 대부분 주에서 주별 판차얏 자치법을 입안하였는데, 여기에서 기타후진계층에 대한 할당을 규정하고 있다.[26] 4개 이상의 지구를 가지고 있는 주를 중심으로 살펴보면, 아루나찰 프라데쉬(Arunachal Pradesh), 아쌈(Assam), 케랄라(Kerala), 마니푸르(Manipur), 트리푸라(Tripura), 서벵갈(West Bengal) 등은 기타후진계층 할당에 대한 규정이 없다. 이에 반하여 아래에서 보다 자세히 살펴 볼 안드라 프라데쉬의 경우에는 34% 이상을 할당하도록 하고 있다. 나머지는 알파벳 순서대로 다음과 같다.

비하르(Bihar)는 20%에 가깝게 할당하되 초과는 못하도록 규정하고 있다. 차띠스가르(Chattisgarh)의 경우에는 25%를 할당하고 구자랏(Gujarat)의 경우는 10%를 할당하도록 규정하고 있다. 하리아나(Haryana)의 경우 한 개의 의석을 할당하도록 규정하고 있고, 히마찰 프라데쉬(Himachal Pradesh)의 경우에는 할당을 하되 인구비율을 초과하지 못하도록 규정하고 있다. 자흐르칸드(Jharkhand)의 경우에는 인구비율에 따라서 하되 지정카스트와 지정부족에게 인구비율에 따라서 우선 할당하고도 50%에 미치지 못하는 경우 그 잔여의석만

---

26) 중앙정부의 공식 명칭은 기타 후진계층이지만, 지방정부나 주정부는 이들을 단순히 후진계층이라고도 한다.

할당하도록 하고 있다. 카르나타카(Karnataka)의 경우에는 1/3에 가깝게 할당하도록 기준을 정하고 있다. 마드흐야 프라데쉬(Madhya Pradesh)의 경우에는 25%를 할당하지만 지정카스트와 지정부족과의 할당비율의 합이 50%를 넘지 못하도록 하고 있다. 마하라쉬트라(Maharashtra)의 경우에는 27%를 할당하도록 하고 있으며, 오디샤(Odisha)의 경우도 마찬가지로 적어도 27%에 가깝게 할당하도록 하되 27% 이상 할당하도록 하고 있다. 펀잡(Punjab)의 경우에는 최하위 단계의 판차얏에서 해당 지역 인구의 20%를 넘는 경우에만 1개의 의석을 할당하고 그 위의 판차얏기구에는 할당을 하고 있지 않다. 라자스탄(Rajasthan)의 경우에는 50% 이내에서 총 할당을 하되 기타후진계층의 경우에는 21%를 초과하여서는 안 된다고 규정하고 있다. 시낌(Sikkim)의 경우에는 처음에는 1/3에 가깝게 할당하도록 하였다가 나중에 2007년에는 규정을 인구비례로 하도록 변경하였다. 타밀나두(Tamil Nadu)의 경우 50%를 할당하도록 하였다가 나중에는 할당 규정을 삭제한 주에 해당한다. 마지막으로 우따르 프라데쉬(Uttar Pradesh) 주의 경우 인구비례에 따라 할당하도록 하되 27%를 초과하여서는 안 된다고 규정하고 있다.[27)]

이렇게 각 주의 사정에 따라 판차얏에서의 기타후진계층에 대한 할당은 매우 상이하다. 주목할 점은 어떤 주의 경우 기존 지정카스트와 지정부족 할당분과 기타후진계층에 대한 할당지분을 더하면 50%가 넘는다는 점이다. 일반적으로 대법원에서 할당 상한선이 50%를 넘지 않도록 판결하였는데, 이 판결에 대한 위반이 아닌가

---

27) 각 주의 Pachayat Raj Act 참조.

의문을 가질 수도 있다. 하지만 대법원의 50% 상한 규정 판결은 오로지 공직과 교육기관 할당에만 적용이 되며 정치영역은 적용 받지 않는다.

안드라 프라데쉬 주의 판차얏 할당정책을 보면 다른 주에 비하여 비교적 기타후진계층에 우호적인데, 이에 대해 자세히 살펴볼 필요가 있다. 안드라 프라데쉬 주는 1994년 안드라 프라데쉬 판차얏 통치법(Andhra Pradesh Panchayat Raj Act, 1994)이라는 것을 공포하였는데, 여기에서 기타후진계층에 대한 할당을 규정하고 있다(State Election Commission, 2011: 24~75).

이 법안에 따르면 판차얏은 3개 단위에 걸쳐서 설치하게 되어 있다. 가장 낮은 단계의 마을 단위에 설치하는 그램 판차얏(Gram Panchayat), 그보다 넓은 만달(Mandal) 단위에 설치하는 만달자치회 또는 만달 프라자 파리샤드(Mandal Praja Parishad), 그리고 가장 광역의 단위인 지구에 설치하는 질라자치회 혹은 질라 프라자 파리샤드(Zilla Praja Parishad)가 있다.

그램 판차얏은 마을 운영을 총괄하며 의장(sarpanch)과 다른 구성원들로 이루어진다. 구성원의 수는 가장 최근 인구조사 결과에 기반하여 최소 5명에서 최대 21명까지 둔다(〈표 4-08〉 참조).

이들 구성원은 모두 해당 구역(ward)에서 주민들 투표로 선출된다. 지역 구민에 의해서 선출된 정식 구성원 이외에 발언권을 가지고 있지만 투표권이 없는 참관인이 있는데, 이들은 해당 지역에 속한 만달자치회의 지역구 선출직 구성원 및 자조(self-help)집단과 기능집단의 대표들이다.

지역민에 의한 선거로 구성원을 선출할 때, 해당 마을의 총 인구

<表 4-08> 인구수에 따른 그램 판차얏의 구성원 수: 안드라 프라데쉬 주

| 인구수 | 그램 판차얏 구성원 수 |
|---|---|
| 300명 이하 | 5명 |
| 300명 초과    500명 이하 | 7명 |
| 500명 초과  1,500명 이하 | 9명 |
| 1,500명 초과  3,000명 이하 | 11명 |
| 3,000명 초과  5,000명 이하 | 13명 |
| 5,000명 초과 10,000명 이하 | 15명 |
| 10,000명 초과 15,000명 이하 | 17명 |
| 15,000명 초과 | 19명에서 21명 사이 |

출처: State Election Commission(2011: 28).

대비 지정카스트와 지정부족의 인구가 차지하는 비율에 맞추어 각 그램 판차얏의 총 의석 중 일부를 지정카스트와 지정부족에게 할당한다. 이렇게 할당한 의석은 그램 판차얏의 내부 구역별로 돌아가면서 배정하게 된다. 즉, 총 의석 중 할당 의석수를 정하였다고 하더라도 어느 구역의 의석을 구체적으로 할당의석으로 지정할 것인가는 선거 때마다 번갈아가면서 순번을 바꾸도록 한 것이다. 이렇게 배정된 지정카스트와 지정부족의 의석 중 적어도 1/3이 여성이어야 한다. 또한 그램 판차얏 총 의석 중 1/3 이상도 여성이어야 한다.

이렇게 지정카스트, 지정부족 그리고 여성에게 할당하는 것 이외에 추가로 기타후진계층에 대해서도 의석을 할당하도록 하고 있다. 할당의 기준은 주 전체 그램 판차얏의 총 의석 중 적어도 34% 이상이 기타후진계층에 할당되어야 한다는 것이다. 각 그램 판차얏의 의석 중 어느 것을 할당의석으로 지정하느냐 하는 것은 다른 종류의 할당의석 배정과 마찬가지로 순번제로 한다.

선출된 구성원들의 임기는 선출된 후 첫 번째 그램 판차얏의 회기가 시작한 날로부터 5년이다. 회장(sarpanch)도 다른 구성원을 선출할 때 같이 선출하게 된다. 나이는 21세 이상이어야 한다. 회장은 그램 판차얏의 당연직 구성원이고 투표권을 갖는다. 부회장(upa-sarpanch)의 경우 그램 판차얏의 구성원 중에서 호선한다.

회장도 할당제의 적용 대상이 되는데, 지정부족과 지정카스트, 여성의 경우 주 전체 회장을 해당 할당 대상 집단의 주 인구에 비례하여 할당한다. 단 여성할당의 경우는 1/3 이상인데, 이들은 그램 판차얏 간에 순번제로 돌아가면서 특정 회장직을 할당받는다. 기타 후진계층의 경우도 할당을 하는데 차이가 나는 것은 주 전체 그램 판차얏의 회장 총 수의 34% 이상을 할당하도록 하고 있다는 것이다. 다른 집단의 회장직 할당 방식과 마찬가지로 각 만달에서 기타 후진계층에게 할당된 회장직 역시 해당 만달 안에 있는 그램 판차얏들이 돌아가면서 배정받는다.

수십 개의 마을이 하나로 묶여서 광역자치 지역 단위인 만달을 구성하는데 여기서는 자치회인 만달 프라자 파리샤드라는 자치회를 설치하도록 하였다. 만달은 주 세금을 징수하는 단위 구역 중 하나로 거주 인구가 대략 3만 5천 명에서 50만 명 정도로 다양하다. 이러한 만달이 여러 개 합쳐서 세금 분구(revenue division)가 되고, 이러한 세금 분구가 하나 내지 여러 개 합쳐져 지구(district)가 된다 (Kumar, 2000).

만달 프라자 파리샤드의 구성원은 해당 만달의 각 지역 선거구에서 1인씩 선출된 사람들, 해당 지역구 주의회 의원, 해당 지역구 하원 의원, 해당 만달 소속 유권자인 상원의원 전부(any member of the Council of States), 해당 만달 유권자이면서 만 21세 이상인 사람 중에서 만달의 직접선출직 구성원들이 호선한 소수집단 구성원 1인으로 구성된다. 여기서 각 범주에 동시에 들어가는 구성원이 존재해서는 안 된다. 지역구 선출직 회원과 대표는 임기가 모두 5년이다. 당연직의 경우에는 그 직을 유지하는 기간으로 한다.

만달은 다시 각각 1인씩 선출하는 여러 개의 지역구로 나눠지는데, 이러한 선출직 구성원을 뽑기 위한 지역구는 인구가 3천명에서 5천 명 정도여야 한다. 여기서 선출되는 구성원 중 일부를 할당하도록 하고 있는데, 할당 비율이나 방식은 그램 판차얏과 동일하다.

각 만달 프라자 파리샤드에는 대표와 부대표가 각 1인씩 선출되는데, 이것은 만달 프라자 파리샤드의 지역구 선출직 회원 중에서 호선한다. 이 경우 투표는 개개인의 양심에 따라 하는 것이 아니라 소속 정당의 사전 지시에 따라서 하여야 한다. 그렇지 않은 경우는 면직된다.

할당은 지정카스트와 지정부족의 경우 해당 주의 인구에 비례하여 주의 총 대표 수 중에서 일정 수를 할당받고 여성의 경우 1/3 이상 할당받는다. 어떠한 만달 프라자 파리샤드의 대표가 할당직이 되는지는 순번제로 돌아가면서 정해진다. 기타후진계층의 경우에는 우선 주의 만달 프라자 파리샤드의 총 대표 수 중에서 34% 이상을 할당 받는데, 이 중에서 각 지구(district)에 할당된 대표의 수만큼을 그 안에서 서로 다른 만달 프라자 파리샤드에 배정하게 된다.

다음으로 가장 큰 자치구역인 지구(district) 단위에 설치하는 자치 기구가 질라 프라자 파리샤드(Zilla Praja Parishad)다. 이 기구에는 직선 구성원과 당연직 구성원 등이 소속된다. 즉, 각 지역선거구에서 1명씩 직접 선출된 구성원들이 대부분을 차지하고, 해당 지구의 전부나 일부가 걸쳐져 있는 선거구를 대표하는 주의회 의원과 하원의원, 지구에 등록된 유권자인 상원의원, 소수집단 소속 2인으로 이루어진다. 이 중 어떠한 자격으로 구성원이 되었든지 간에 오직 한 가지 자격만으로 구성원이 될 수 있다. 두 가지 이상이 겹친다면 어느 한 가지 자격을 포기해야만 한다. 또한 하원의원을 제외하고는 한 번에 하나의 질라 프라자 파리샤드의 구성원이 될 수 있다.

이 구성원 중에서 질라 프라자 파리샤드 지역선거구 유권자에 의하여 직접 선출되는 구성원들을 대상으로 할당제를 실시한다. 하위단위 판차얏기구와 마찬가지로 여기서도 지정부족과 지정카스트에게 해당 지구의 인구에 비례한 의석수를 할당하고 각 의석은 선거구를 번갈아 가면서 할당하도록 한다. 전체 의석과 이렇게 할당된 의석의 1/3 이상을 여성에게 할당하도록 한다. 기타후진계층의 경우에는 전체 구성원 수의 34% 이상을 해당 지구의 선출직에 할당하도록 하였고 이 할당직의 1/3 이상을 여성으로 하도록 규정하였다. 이렇게 할당된 기타후진계층의 구성원은 해당 질라 프라자 파리샤드의 지역구 순번에 따라서 배정하도록 하였다.

또한 질라 프라자 파리샤드의 의장과 부의장은 구성원 중에서 소속 정당의 지침에 따라 투표로 호선한다. 주 전체의 총 의장 수 중에서 일부를 주의 인구비율에 근사하게 지정부족과 지정카스트들에게 할당하고, 34%는 기타후진계층에게 할당한다. 이렇게 할당된 총 의석 중 1/3 이상은 여성에게 다시 할당하고 할당과 비할당을 포함하여 전체 의석 중 1/3 이상이 또한 여성에게 할당한다. 의장이나 부의장의 임기는 모두 5년이다.

선출직 자치구 의원의 할당제의 경우, 다른 할당제도와 달리 부유층 규정이 별도로 없다. 이것은 부유층을 배제할 경우 실제로 출마할 수 있는 기타후진계층이 사실상 부재하기 때문이다. 또한 해당 지역구에서 나름대로 명망 있는 사람들이 출마하고, 출마를 위해서는 정당 공천을 받아야 하기 때문이다. 최하위 단위인 마을 판차얏의 경우에는 정당 공천제도가 없지만, 그 이상 단위에서는 대체로 승리를 위해서는 정당의 공천이 필요하다. 마을 단위에서의 정당공천을 허용하지 않는 것은 대체로 정당 라벨이 없더라도 개별 후보에 대해서 유권자들이 충분한 지식을 가지고 있으며, 정당공천으로 인하여 마을공동체가 오히려 정치적으로 분열되는 것을 막기 위한 것으로 알려져 있다.

마을 이상의 단위에서 정당공천으로 인하여 실제로 당선된 후보들은 후진계층의 이익을 충실히 수행하기가 어렵다. 왜냐하면 안드라 프라데쉬의 경우 정당이 대부분 지배적인 카스트 집단에 의해서 장악되어 있기 때문에 당의 노선과 다르게 기타후진계층의 이익만을 대변할 수가 없기 때문이다. 또한 일반적으로 하원 의원이나 주의회 의원에 출마하기 위하여 정당의 공천이 필요하다. 이를 위해서는 나름대로의 지지기반이나 특정카스트 배경 등이 필요하지만 이에 더하여 공천자금을 내야 하는 것은 공공연한 비밀이기도 하다. 이렇게 공천을 받아서 당선된 경우, 자신이 대표하기로 되어 있는 기타후진계층의 이익보다는 지배적 카스트가 장악한 당의 이익과 자신의 이익을 더 앞세울 수밖에 없는 것이다.

특정 지역구에서 기타후진계층 출신의 후보만 출마가 가능하도록 만드는 순번제로 인하여 일단 모든 지역구가 차례로 한 번씩은 기타후진계층에게 할당된다. 문제는 특정 지역구의 경우 기타후진계층의 인구가 많지 않은데도 이런 순번제 때문에 어쩔 수 없이 할당 지역구로 지정되는 경우가 있다. 이때 최악의 경우 해당 지역구에 출마하는 기타후진계층 출신 후보가 없을 수 있다. 보통 이런 경우는 공석으로 비워두거나 법정의 판결에 따라 처리하게 되지만, 인도의 특이한 후보등록 규정 때문에 지금까지는 크게 문제되지 않는 것으로 보인다. 우리나라와 달리 인도에서는 후보가 해당 지역구에 일정 기간 거주하여야 하는 요건을 충족하지 않아도 해당 지역구에 얼마든지 출마할 수 있다. 따라서 해당 지역구 출신 기타후진계층 후보가 마땅히 없다면 동일한 선거가 실시되는 지역 전체에 거주하는 다른 기타후진계층 출신이 입후보할 수 있다.28)

---

28) 안드라 프라데쉬 주의 판차얏 선거에서는 후보의 카스트를 공표하지 않는다. 또한 비록 할당제를 실시하고 있지만 당선되었거나 지명된 후보의 카스트에 관한 정보를 선거결과 보고서에 기록하지 않는다. 이것은 할당제가 실질적으로 잘 시행되고 있는지를 파악하기 어렵게 만드는 요인 중 하나다.

제5장 기타후진계층 우대정책의 시행과 부유층의 문제

기타후진계층에게 각종 혜택을 주어 삶의 수준을 높이기 위해 시행하는 우대정책은 기타후진계층 집단으로 지정된 집단의 구성원이라고 해서 모두에게 무조건으로 베푸는 것은 아니다. 또한 반대로 실제 기타후진계층이 아니더라도 가짜 증명서를 가지고 혜택을 받는 경우도 있다. 이 두 사례는 모두 시행과정에서의 문제점을 보여주고 있다. 후자의 경우 위조 여부를 판별하고 집행하는 기관의 관리감독을 강화하거나 통합증명서를 발급하는 시스템을 만들어서 해결할 수 있다. 그러나 이 역시 비용이 만만치 않기에 간단하지는 않다. 현재 기타후진계층 증명서를 발급하는 기관은 통합되어 있지 않고 다양한 기관에서 할 수 있도록 되어 있다(〈표 5-01〉). 또한 동일한 기관에서 해당 증명서 발급 대상자가 소속 공동체 구

성원 중 무자격자인 부유층이 아니라는 것을 증명하는 역할도 수
행한다.

<표 5-01> 기타후진계층 증명서 발급기관의 다양성

| |
|---|
| ( i ) District Magistrate / Additional Magistrate / Collector / Deputy Commissioner / Additional Deputy Commissioner / Deputy Collector / Ist Class Stipendiary Magistrate / Sub-Divisional magistrate / Taluka Magistrate / Executive Magistrate / Extra Assistant Commissioner (Ist Class Stipendiary Magistrate의 지위보다 낮으면 안 됨) |
| ( ii ) Chief Presidency Magistrate / Additional Chief Presidency Magistrate / Presidency Magistrate. |
| ( iii ) Revenue Officer not below the rank of Tehsildar |
| ( iv ) Sub-Divisional Officer (후보자나 그의 가족이 통상적으로 거주하는 지역 소속) |
| ( v ) Administrator/Secretary to Administrator/Development officer (Lakshadweep) |

출처: Union Public Service Commission.

허위 증명서를 제출하여 부당하게 혜택을 입은 경우가 발각되면
일반적으로 임용이나 입학이 취소된다. 또한 공문서 위조로 형사
고발을 당할 수도 있지만 문서 위조로 인한 인센티브가 충분히 존
재하여 실제로 위조 사례들이 많은 것으로 보도되고 있다(Times of
India, 2012년 1월 20일).

그리하여 1995년 5월 10일자로 별도의 행정지침을 내려서 기존
의 지정카스트나 지정부족만이 아니라 기타후진계층의 경우에도
임용 서류에 "임용은 잠정적이고 카스트 증명서가 적절한 채널을
통하여 사실인 것으로 검증된다는 전제하에 이루어지는 것이다. 만
약에 검증과정을 통하여 기타후진계층에 속한다는 주장이 허위로
드러나면 어떠한 추가 사유를 제시하지 않고도 그 후보자의 공직을
박탈할 수 있다. 이러한 조치 이외에 허위증명서 작성에 대한 인도
의 형법 조항에 따라 추가조치를 취할 수도 있다"는 문구를 부가하

였다(Department of Personnel and Training, 2003).

또한 설사 진짜 기타후진계층 증명서를 제출하였다고 하더라도 증명서의 유효기간이 문제가 될 수도 있다. 기타후진계층의 증명서에는 두 가지가 들어가는데, 한 가지는 혜택을 받으려는 자가 기타후진계층으로 분류된 특정집단에 소속되어 있다는 것을 보여준다. 다른 한 가지는 기타후진계층 집단에 소속된다고 하더라도 상대적으로 유복한 부유층에 속하지 않는다는 사실을 증명하여 준다. 전자는 비교적 시간의 제약을 많이 받지 않지만, 후자의 경우에는 시간에 따라서 언제든지 변경될 수 있다. 따라서 언제를 기준으로 기타후진계층 및 부유층 여부를 따져야 하느냐는 문제가 발생하는데, 인도 정부는 이것과 관련하여 공고된 직위에 대한 지원서 접수 마감일을 기준으로 삼고 있다. 즉, 지원자가 기타후진계층의 혜택을 보려면 지원서 접수 마감 일자에 기타후진계층 소속 집단에 속해야만 하고 해당 날짜에 부유층이 아니어야만 한다(Department of Personnel and Training, 2003).

기타후진계층이 아닌데도 허위 서류로 혜택을 보는 것과 정반대로, 기타후진계층에 분류된 집단에 속한다고 하더라도 최종적으로 혜택을 보지 못하는 층이 있다. 대표적인 경우가 기타후진계층 중에 상대적으로 상층계층에 속하는 이른바 '부유층(creamy layer)'이다. 이들 부유층은 비록 기타후진계층으로 지정된 집단의 구성원이라고 하더라도 그 우대 혜택에서 배제된다. 이들이 우대정책의 혜택을 받지 못하는 이유는 이들이 그러한 우대정책을 필요로 할 만큼 특별히 낙후된 삶을 살지 않는다는 것을 전제로 한다. 이것은 특정 카스트나 공동체가 사회문제와 교육문제에 있어서 평균적으

---

**Annexure**

## FORM OF CERTIFICATE TO BE PRODUCED BY OTHER BACKWARD CLASSES APPLYING FOR APPOINTMENT TO POSTS UNDER THE GOVERNMENT OF INDIA

This is to certify that Shri/Smt./Kumari _____ son/daughter of _____ of village/town _____ in District/Division _____ in the State/Union Territory _____ belongs to the _____ community which is recognised as a backward class under the Government of India, Ministry of Social Justice and Empowerment's Resolution No. _____ dated _____*. Shri/Smt./Kumari _____ and /or his/her family ordinarily reside(s) in the _____ District/Division of the _____ State/Union Territory. This is also to certify that he/she does not belong to the persons/sections (Creamy Layer) mentioned in Column 3 of the Schedule to the Government of India, Department of Personnel & Training O.M. No. 36012/22/93-Estt. (SCT) dated 8.9.1993**.

District Magistrate
Deputy Commissioner etc.

Dated:

Seal

---

*- The authority issuing the certificate may have to mention the details of Resolution of Government of India, in which the caste of the candidate is mentioned as OBC.

**- As amended from time to time.

Note:- The term "Ordinarily" used here will have the same meaning as in Section 20 of the Representation of the People Act, 1950.

출처: Union Public Service Commission.
http://www.upsc.gov.in/sites/default/files/obc%20revised%20proforma.pdf

로 보면 다른 카스트나 공동체에 비해 열위에 있지만 이것은 어디까지나 평균적인 판정에 불과하다는 것이다. 따라서 동일한 카스트나 공동체에 속하는 특정 개인이나 가족의 경우에는 결코 후진적이거나 낙후된 삶을 살지 않을 수도 있다. 이러한 문제를 극복하기 위하여, 즉 카스트나 공동체 단위로 적용되는 우대정책의 단점을 보완하고자 등장한 개념이 바로 부유층이다. 부유층이 '층(layer)'이지만 계층의 의미는 아니고 기타후진계층에 속하는 카스트나 공동체의 특정 가족들을 의미한다. 따라서 단위는 기본적으로 가족이다. 여기서 또한 부유의 의미는 부자라는 의미가 아니라 커피 위에 떠 있는 크림처럼 해당 공동체의 다른 구성원들과 이질적인 부류의 가족들을 의미한다. 따라서 부유층은 한자로 '浮游層'으로 표기된다. 그러나 아래 기준에서도 보듯이 궁극적으로 재산의 유무가 중요한 기준일 수 있기 때문에 '富裕'로 이해하여도 무방하다고 본다.

일반적으로 우대정책의 세계적 기준은 카스트나 종교집단 등 집단이 아니라 그보다 훨씬 낮은 단위의 가족이다. 이것은 생계유지의 기본 단위이기 때문이다. 하지만 인도에서는 그 반대다. 일단 집단을 정해 놓고 그 집단에 속하면 수혜 대상으로 정의를 한 다음에 아주 예외적으로 그렇지 않은 가족을 일부 골라내는 방식을 택하고 있다. 이러한 수혜배제 대상은 기타후진계층에게만 적용이 되고 다른 우대정책의 대상인 지정카스트나 지정부족에게는 아직 적용되지 않고 있다. 따라서 지정카스트나 지정부족에게는 우선 자신이 속한 집단의 지정 여부가 가장 중요하다. 구성원이 한 나라의 대통령이든 인도 최고 갑부든 상관없이 우대정책 혜택 자격이 주어지는 것이다. 이 두 개 지정 집단의 경우는 내부의 경제적 이질성과 무관하게 하나의 동질적인 집단으로 간주한다. 하지만 기타후진계층의 경우에는 내부구성원 간의 경제적이나 사회적 지위의 이질성을 감안하여 정책집행의 대상으로서 동질적인 집단으로 간주하지 않는다.

따라서 기타후진계층의 경우 우대정책의 집행을 위해서는 두 가지 기준을 엄밀하게 검증하는 절차를 거쳐야 한다. 이것은 다른 우대정책집단에 비하여 정책집행에 있어서 허점이 더 많을 수 있다는 것을 의미한다. 특정 개인이나 가족이 기타후진계층의 집단 소속으로 분류되느냐 마느냐의 문제와 이렇게 분류된 다음에도 부유층에 들어가느냐 마느냐를 판별하는 과정을 거쳐야 한다. 기타후진계층 소속 여부를 판별하는 것만으로도 허위증명서가 문제가 되는데, 그보다 훨씬 복잡한 부유층 판정과 관련하여서는 더 많은 허점이 있을 것으로 추정해볼 수 있다.

이처럼 난해한 부유층에 관한 인도 정부의 규정을 보면 〈표 5-03〉과 같다(Muthuswamy and Brinda, 2010: 293~297).

〈표 5-03〉 인도 기타후진계층 중 부유층의 판별 기준

I. 헌법기관의 직위
  다음 직위의 자녀들:
    (a) 대통령
    (b) 부통령
    (c) 대법원과 고등법원 판사
    (d) 중앙정부인사위(UPSC)와 주정부인사위(State Public Service Commission)의 위원장 및 위원, 선거관리위원회 위원장 감사원장(Comptroller & Auditor General of India).

(e) 위와 유사한 성격의 헌법기관직을 유지하고 있는 인물

## II. 공무원 범주

A. 전인도 중앙 및 주 공직의 I급/A집단 관료(직접 충원)

다음 직위의 자녀들:

(a) 양부모 모두 I급 관료

(b) 부모 둘 중 한 명만 I급 관료

(c) 부모 둘 다 I급 관료이지만 둘 중 한 명이 사망하거나 영구적인 불구(permanent incapacitation)인 경우

(d) 부모 중 한 명이 I급 관료이고 사망하거나 영구 불구로 전락하기 전에 5년 이상 유엔, 국제통화기금(IMF), 세계은행 등과 같은 국제기구에서 고용된 적이 있는 경우

(e) I급 관료인 부모 둘 다 사망하거나 영구적인 불구로 전락하였지만, 그 중 한 명이 5년 이상 기간 유엔, 국제통화기금, 세계은행 등과 같은 국제기구에서 고용된 적이 있는 경우

단, 다음 두 가지 경우에는 부유층에 포함하지 않는다.

(i) 부모 양쪽이나 어느 한 쪽이 I급 관료이고 공무원인 부모 양쪽 또는 공무원인 부나 모가 사망하거나 영구 불구에 처한 아들과 딸의 경우

(ii) 기타후진계층에 속한 여성이 I급 관료와 결혼하였고 그녀 자신이 공직에 지원하고자 하는 경우

B. 중앙이나 주 공무직에서 B집단/II급 관료(직접 충원)

다음 직위의 자녀들:

(a) 부모 양쪽이 II급 관료인 경우

(b) 부모 중 아버지만 II급 관료이고 40세나 그 이전에 I급으로 승진한 경우

(c) 부모 양쪽이 II급 관료이고 그 중 한 명이 사망하거나 영구 불구이고 사망이나 불구 이전에 부모 어느 쪽이든 5년 이상 기간 유엔, 국제통화기금, 세계은행 등 국제기구에 고용된 적이 있는 경우

(d) 부모 중 아버지가 (직접 충원이나 40세 이전 승진으로) I급 관료이고 어머니가 II급 관료이고 어머니가 사망하거나 영구 불구인 경우

(e) 부모 중 어머니가 (직접 충원이나 40세 이전 승진으로) I급 관료이고 아버지가 II급 관료이고 아버지가 사망하거나 영구 불구인 경우

다만, 다음 두 가지 경우에는 부유층에서 제외한다.
( i ) 부모 양측이 II급 관료이고 그 중 한 명이 사망 또는 영구 불구인 경우
(ii) 비록 부모 중 어느 쪽이든 둘 다 사망하거나 영구불구가 되기 이전에 5년 이상 유엔, 국제통화기금, 세계은행 등 어떠한 국제기구에 고용된 적이 있다고 하더라도 부모 양측이 II급 관료이고 둘 다 사망하거나 영구 불구가 된 경우

C. 공기업 및 기타 부문 고용자
(a) A와 B에서 규정한 기준들이 공기업, 은행, 보험기관, 대학 등에 있는 동등하거나 유사한 직위의 관리자들에게 그대로 적용이 된다. 동일한 기준은 또한 사유 부문 고용에서의 동등하거나 유사한 직위에도 적용이 된다. 이 기관에서의 동등성이나 유사성에 대한 평가가 나올 때까지는 이러한 기관의 관리에게는 아래 범주 VI에 명시한 기준들이 적용될 것이다.

III. 예비군(paramilitary forces)을 포함한 군대(민간 직위를 유지하고 있는 사람들은 제외)
육군에서 중령이나 그 이상의 계급, 해군, 공군 그리고 예비군에서 동등한 지위를 유지하고 있는 부나 모 혹은 부모 양쪽을 두고 있는 자녀
◇ 단서조항:
( i ) 장교의 부인이 군인이면 그녀 자신이 중령의 계급에 이르렀을 때만 부유층으로 분류한다.
(ii) 부와 모의 계급이 중령 이하인 경우 계급을 합산하지 않는다.

(ⅲ) 장교의 부인이 민간인이면, 이 사실은 부유층으로 분류하는 데 고려사항이 되지는 않는다. 다만 그녀가 범주 Ⅱ의 공무원 이면 예외이지만 이 경우에는 그 범주의 조건과 기준을 그녀 만 분리하여 독립적으로 적용하여야 한다.

## IV. 전문직종과 상공업에 종사하는 사람들

(a) 의사, 변호사, 공인회계사, 소득세 컨설턴트, 재무나 경영 컨설턴트, 치과의사, 공학자, 건축사, 컴퓨터전문가, 영화 아티스트와 기타 영 화 전문직, 저자, 극작가, 스포츠맨, 스포츠전문직, 미디어 전문직, 또는 이와 유사한 성격의 직업에 종사하는 사람들
범주 Ⅵ에서 명시한 기준을 적용한다.

(b) 무역, 사업, 공업에 종사하는 사람들
범주 Ⅵ에서 명시한 기준을 적용한다.

- 부연설명:
  (ⅰ) 아버지가 전문직에 종사하고 어머니가 Ⅱ급이나 그보다 낮은 등급에 고용되어 있는 경우, 소득과 재산 테스트는 오로지 아 버지의 소득에 기반을 두어서만 적용한다.
  (ⅱ) 만약에 어머니가 전문직에 있고 아버지는 Ⅱ급이나 그보다 낮은 지위의 직에 고용되어 있다면, 소득과 재산 기준은 오로 지 어머니의 소득만을 가지고 적용하고 아버지의 소득은 합 산하지 않는다.

## V. 자산가들

## A. 농지소유

다음에 해당하는 것을 소유한 가족(부, 모 그리고 미성년 자녀)에 속하는 사람들의 자녀들

(a) 법정소유한도의 85%나 그 이상에 해당하는 관개 농지만을 소유 한 경우
(b) 관개농지와 미관개 농지 둘 다인 경우 다음과 같이 소유한 경우
  (ⅰ) 부유층 적용은 관개농지에 대한 법정소유한도의 40%나 그

이상의 소유라는 사전 조건이 있어야만 한다. 이러한 40%이상의 사전조건이 존재하면 그 때서야 미관개 농지의 면적을 고려한다. 이것은 기존의 농지전환공식에 따라서 미관개 농지를 관개농지로 전환하여 계산함으로써 이루어진다. 이렇게하여 전환된 관개농지면적을 기존의 원래 관개농지에 합산한 결과가 법정관개농지 한도의 80%나 그 이상을 초과하는 경우 부유층으로 분류한다.

(ii) 가족의 농지소유가 오로지 비관개 농지로만 이루어진 경우에는 부유층으로 분류하지 않는다.

B. 플랜테이션

(a) 커피, 차, 고무 등

아래 범주 VI에 명시한 소득과 재산 기준이 적용된다.

(b) 망고, 감귤, 사과 농장 등

농지소유로 간주되어 이 범주에서 명시한 위의 A 기준이 적용된다.

C. 도시 지역이나 도시권역에서의 빈 대지와 또는 빈 건물

아래 범주 VI에 명시한 기준이 적용된다.

• 부연설명: 건물은 주거, 산업 또는 상업 용도로나 기타 또는 두 개나 그 이상의 용도로 사용될 수 있다.

VI. 소득/재산 테스트

다음 사람들의 자녀들:

(a) 연간 총소득이 10만 루피나 그 이상이 되거나 3년 연속으로 재산세법(Wealth Tax Act, 〈글상자 5-1〉 참조)에서 규정한 면세한도를 초과하는 부를 소유한 사람들

(b) 범주 I, II, III과 V. A에서는 할당 혜택을 받을 자격이 박탈되지 않지만 다른 재산출처로 인하여 위 (a)에서 규정한 소득/재산 기준 안에 들어오는 소득을 가진 사람들

- 부연설명:
  - (ⅰ) 임금으로 번 소득과 농지 소득은 합산하지 않는다.
  - (ⅱ) 루피 가격의 변동을 고려하여 매 3년마다 루피 기준으로 설정한 소득 기준은 조정될 것이다. 그러나 상황에 따라서 필요하다면, 기간은 단축될 수도 있다.
- 부연설명: '영구 불구'라는 표현은 관료의 직무를 박탈하게 만드는 불구를 말한다.

## 〈글상자 5-1〉 인도의 재산세 체계

인도의 재산세법은 1957년도에 처음 제정되었다. 이것은 직접세의 일부로 매년 부과되는 것이다. 여기서 규정한 면세한도는 2010년 4월 1일자로 개정한 내용에 따르면 300만 루피다. 이는 이전의 150만 루피에서 두 배 인상된 것이다. 재산세의 납부주체는 개인, 회사 그리고 힌두 대가족(Hindu undivided families)이다. 조세율은 300만 루피를 초과하는 조사 납부 대상자의 순조세 부과재산의 1%다. 즉, 환율을 100루피 당 1,800원으로 가정하면, 인도 재산세는 약 5,400만원을 초과하는 재산에 대해서 부과하는 것이다. 그리하여 1억 정도의 재산이라면 매년 46만원의 재산세를 납부하게 된다. 이 세율은 4% 내지 5%에 달하는 고가의 사치성재산을 제외하면 대부분 0.5% 이하에 머물고 있는 우리나라 재산세율과 비교하면 매우 높은 편이다. 또한 인도의 재산세는 단일 세율로 이루어져 있고 누진개념이 없다.

① 재산세 부과 대상 자산:
  주택(게스트하우스, 사업용 주거건물 포함)
  도시 토지
  배, 항공기, 요트
  자동차
  보유 현금(개인과 힌두 대가족에게만 해당)

보석, 금제품, 은, 금괴 등

② 재산세의 부과 자산에 포함되지 않는 자산:
상업용 단지(Complex)에 설치된 재산
위의 과세 대상 중 사업용(stock-in-trade)으로 사용되는 자산
1년에 300일을 초과하여 임대한 주택
업무용으로 보유 중인 주택
회사에서 피고용인에게 할당한 주거지

③ 재산세 면세 받는 자산
귀국 교포가 소유한 자산
생산적인 자산(예, 주식 투자)
기금이 보유중인 재산
사회 클럽(Social Club)
500제곱미터를 초과하지 않는 하나의 주택이나 대지 또는 주택의
일부(개인과 힌두 대가족에게 해당)
구시대 통치자의 주거용 재산
기타 등등

출처: http://tips.thinkrupee.com/articles/wealth-tax-in-india.php; Wealth-Tax Act
1957(as amended by the finance act 2011), http://law.incometaxindia.gov.in.

부유층 여부를 판단하기 위해 소득/재산 테스트의 기준이 되는
10만 루피는 1993년 9월 8일자로 설정된 것이기에 그 이후 물가를
반영하여 수정되었다. 2004년도 3월 9일자로 이것은 25만 루피로,
2008년 10월 14일자로 다시 45만 루피로 상향조정되었다. 이후 또
다시 2013년 5월 16일자로 60만 루피로 상향되었다. 따라서 부유층
으로 분류되어 기타후진계층이 받는 혜택에서 제외되려면 소득 기준
으로는 연간소득이 60만 루피 이상이어야 한다(Department of Personnel

and Training, 2013).[29]

위에서 열거하고 있는 부유층을 걸러내려는 기준은 상호 중첩되거나 모호한 측면이 많다. 어떤 일관된 기준을 가지고 논리적으로 경우의 수를 고려하여 설정한 것이 아니라, 상황에 따라서 이런 저런 기준을 추가한 측면이 강하기 때문이다. 예를 들면, 부모 모두가 Ⅰ급 고위직에 직접 충원된 경우 부유층에 속한다고 규정하는 동시에, 곧바로 이어서 어느 한 쪽이라도 Ⅰ급 고위직에 직접 충원된 경우 부유층에 속한다고 반복하여 규정하고 있다. 또한 부모 양쪽 모두 Ⅰ급 관료로 직접 충원되었지만 어느 한 쪽이 사망하였거나 영구 불구 상태인 경우 역시 부유층으로 규정하고 있다. 따라서 중간 기준은 앞의 기준과 뒤의 기준을 당연히 포함한다. 따라서 논리적으로 보면 앞뒤의 조항은 불필요하다. 하지만 정황상 논란이 될 수 있는 부분을 명확히 하기 위해 이렇게 추가로 언급하고 있는 것으로 보인다.

하지만 부모 어느 한 쪽이 Ⅰ급 고위관료로 직접 충원되었지만 영구 불구나 사망한 경우에는 부유층에서 들어가지 않는다. 이런 경우에도 특수하게 부나 모가 국제기구에 5년 이상의 고용경력이 있는 경우에는 부유층의 자제로 분류한다. 이러한 국제기구 관련 규정도 상호 중첩되는 면이 있다. 어느 한 쪽이 Ⅰ급 관료이면서 사망하거나 불구가 되고 국제기구 5년의 경력이 있는 경우 부유층으로 분류한다면, 당연히 둘 다 Ⅰ급 관료이다가 둘 다 사망하거나 불구가 되고 어느 한 쪽이 5년 이상의 국제기구 경력이 있다면 부유

---

29) 2017년에 이 기준은 80만 루피로 상향되었다.

층에 속하여만 한다.

또한 아버지가 I급 관료로 직접 충원되거나 40세나 그 이전에 I급 관료로 승진되고 어머니가 II급 관료로 직접 충원되었지만 사망하거나 영구 불구가 된 경우라면 부유층에 속한다고 규정하고 있다. 하지만 이것은 어머니에 대한 규정이 없이 아버지만 II급 관료로 직접 충원되고 40세나 그 이전에 I급으로 승진한 경우 부유층으로 분류한다고 한 규정과 중첩된다. 이 규정은 모가 I급 관료로 직접 충원되거나 40세나 그 이전에 I급 관료로 승진되었지만 부는 II급 관료로 남아 있는 상태에서 사망 또는 불구가 된 경우는 부유층에 속하도록 한 것과 대비를 위해서 별도로 추가한 것으로 추측된다.

복잡한 부유층 분류 기준 때문에 인도 정부는 부유층으로 분류할 수 있는지의 여부를 예시를 통해 추가로 일일이 열거하고 있다. 우선 부유층 분류에 있어서 사망이나 불구가 된 시기를 가지고 논란이 일어날 수 있다. 원칙적으로 재직 중 사망하거나 불구가 된 자의 자식에 대해서는 부유층으로 분류하지 않고 은퇴 이후에 사망하거나 불구가 된 경우에 부유층으로 분류한다. 이것은 통상적인 상식을 벗어나는 규정이다. 은퇴 이후의 신변 변화 자체가 논란되는 것이 외지인이 볼 때 납득하기 어렵고 일반적으로 불구나 사망이 문제가 되는 것은 재직 중 일어나는 경우를 두고서 규정을 정하는 것이다. 하지만 인도의 경우에는 재직 중 사망하거나 불구가 된 경우는 부유층으로 분류하지 않는다. 이것이 의미하는 것은 은퇴 시까지 재직하여 모든 공직의 혜택을 받은 경우에 한하여 그 자제들을 부유층으로 분류할 수 있다고 보는 것이다. 가능한 부유층의 분류의 폭을 줄이려는 의도가 엿보인다.

또 다른 논란거리는 부모가 아니라 본인의 소득이나 지위가 충분히 높은 경우 부유층에 포함되는 것인가에 대한 여부다. 이에 대해서 유권해석은 부정적이다. 즉, 부유층의 분류는 어디까지나 부모의 지위와 소득에 따라서 결정되는 것이고, 자식이 부모를 선택할 수 없다는 의미에서 타고나는 것이다. 부모가 부유층의 기준에 들어가지 않는 기타후진계층 자손 중에서 스스로 성공하여 부와 지위가 아무리 높다고 하더라도 그는 부유층으로 분류될 수가 없다. 다만 이 사람의 경우 자녀를 두고 있다면 그 자녀는 부유층으로 분류될 것이다.

마지막으로 정부직이 아닌 직위의 등가성이나 유사성을 판단할 때 사용하는 소득/재산 테스트의 경우 전반적으로 형평성이 많이 떨어진다. 인도에서는 소득의 세 가지 원천을 따지는데 하나는 농지소득, 다른 하나는 급여성 소득이고 마지막 하나가 기타 소득이다. 소득/재산테스트를 할 때 이 세 가지를 합산하지 않는다. 60만 루피나 그 이상일 경우를 따질 때 농지소득을 제외하고 계산한다. 또한 급여성 소득과 기타 소득은 합산하여 계산하지 않는다. 그리하여 어떤 부모의 급여가 연간 30만 루피고 기타 소득이 30만 루피라고 하면 그 부모의 자녀는 여전히 부유층에 속하지 않는다. 왜냐하면 이 두 개의 소득을 합산할 수 없으며 오로지 기타 소득이나 급여 둘 중 하나만 따져 계산하기 때문이다(Department of Personnel and Training, 2004).

소득 기준은 범주 I, II, III과 V. A의 경우 기타 소득이 60만 루피 이상이면 부유층에 들어가지만 범주 I, II, III에서 직위로 규정하였을 때 부유층에 속하지 않는 공직자가 해당 직으로부터 받는 급여성 소득이 60만 루피가 넘는다고 하여서 부유층에 들어가는 것은 아니다. 해당 범주의 경우 순전히 소득이 아니라 그 범주에서 규정한 기준만으로 부유층 여부를 판정하여야 하기 때문이다.

또한 농지를 가지고 있고 기타 소득이 50만 루피인 사람은 설령 소득이 70만 루피라고 하더라도 부유층이 아니며, 농지를 가지고 있지 않고 급여만 60만 루피인 사람의 경우에는 부유층으로 분류된다. 이것은 특히 농지소득이나 기타 소득의 경우 측정하거나 환산하는데 어려움과 오류가 많고, 재산은닉의 가능성이 많은 것을 고려하면 급여소득자에 비해 매우 유리한 기준이다.

인도에서 일상적으로 부유층을 언급할 때 대부분 소득 기준을 가지고 이야기한다. 이것은 부유층 개념의 도입 취지가 기타후진계층에서 경제적으로 유복한 층을 걸러내기 위한 것임을 시사한다. 하지만 급여생활자를 제외하고는 인도에서 개인 소득을 정확하게 파악하기 어렵다. 이렇기 때문에 도시급여생활자를 제외하면 대부분의 경우, 특히 농촌 지역의 경우 부유층 개념은 사실상 유명무실하다. 또한 지방에서는 기타후진계층 증명서를 뇌물을 통하여서나 다른 방식으로 허위 취득하기가 더 용이하다. 이 결과 중앙정부보다는 지방 주정부의 경우 부유층을 가려내는 작업이 훨씬 어려운데, 실제로 안드라 프라데쉬 주의 경우 대부분의 사람들에게 중요한 것은 후진계층집단의 범주에 들어가는지의 여부일 뿐이고, 일단 편입된 다음 그 속에서 부유층으로 별도로 분리되는지는 사실상 별 관심사가 아니다. 따라서 안드라 프라데쉬 주에서는 학자들이나 일반인들이 이 부유층 개념을 적용하지 않으며 사실상 무의미한 것으로 인식한다. 이는 현실적으로 이 범주에 들어가는 60만 루피의 소득을 받는 기타후진계층 집단 소속 구성원이 그렇게 많이 존재하지 않기 때문이기도 하다. 이것은 인도 신문에 따르면 상위 소득 0.33%의 가구에 속할 정도로 매우 높은 금액이다(Times of India, http://timesofindia.indiatimes.com/calculator.cms). 이것은 또한 중앙정부 소속 대학(예를 들어, 하이드라바드대학)의 조교수 급여 정도에 해당하는 금액이다. 주립이나 사립 일반대학의 경우는 급여가 그 정도에 미치지 못하기 때문에 60만 루피는 인도 상황에서, 특히 지방농촌이나 지방도시에서는 아주 높은 소득이다.

또한 실제로 행정상의 난관도 존재한다. 부유층 소속 여부를 확인하는 증명서 자체가 겨우 6개월 동안만 유효하여 필요할 때마다 사실상 매번 다시 검증받아야 하는 어려움이 있다. 이러한 검증은 해당 소속 지역 정부관리가 확인하는데 대체로 별도의 급행료를 지불하지 않는 이상 3개월 정도 걸린다고 한다. 또한 처음 받을 때에는 반드시 원적지로 가서 받아야 한다. 이런 규정 때문에 다른 지역에 근무하거나 생활하는 자들의 경우에 증명서 발급을 위한 공식 수수료보다 비싼 부대비용을 지불하게 되는 경우가 허다하다. 물론 한 번 받은 경우에는 부모나 현지에 있는 다른 친인척이 대행할 수도 있다.

부유층과 관련하여 발생하는 또 다른 문제점은 인도에서 인구조사 항목으로 소득을 기입하지만 막상 개별조사 대상 가구 거주자의 카스트를 조사하지 않기 때문에 특정 카스트 집단의 소득분포도를 파악하기 어렵다는 것이다. 이는 매 10년마다 갱신하도록 되어 있는 기타후진계층의 명단을 재작성하는 작업이 부실할 수밖에 없도록 만든다. 논리적으로 생각할 때 특정 카스트 집단에서 부유층 가정이 정책시행 이후 많이 늘어났고 또한 그 비율이 일정 정도 넘는다면 해당 카스트 집단을 우대정책의 대상 명단에서 제외할 수 있어야 한다. 하지만 인도 내에서 카스트별로 부유층이 얼마나 되는지를 조사한 정부나 민간 자료는 전무한 상태다. 개별 가족이 일정 수준 이상의 소득을 벌면 우대정책의 혜택을 받지 못하는 것과 마찬가지로 특정 카스트 집단의 평균소득이나 부유층 비율이 일정 수준을 넘는다면 그 집단을 기타후진계층의 명단에서 원칙적으로 제외하여야 한다. 하지만 이런 이유로 특정 카스트 집단을 기타후진계층 명단에서 제외한 경우는 지금까지 존재하지 않는다. 이에 반해 해마다 혜택을 누리기 위해서 기타후진계층에 포함될 것을 요구하는 집단의 수는 증가하고 있다. 이 결과 기타후진계층의 수는 갈수록 증가하는 추세다. 이것은 심각한 문제를 야기한다. 왜냐하면 인도 대법원에서 지정부족, 지정카스트를 포함하여 가능한 할당비율을 최고 50%(기타후진계층의 경우 27%)로 제한했기 때문이다. 따라서 기타후진계층 내부의 경쟁을 격화시킬 뿐 아니라 실제로 혜택을 받아야 하는 집단이 경쟁에서 탈락하여 수혜를 받지 못하는 문제를 유발시킬 수 있다. 기타후진계층의 명단에 등재되는 과정이 또한 정치적 압력으로부터 자유로울 수 없기 때문에 정치력이 있는 집단이 보다 용이하게 등재되고 이들이 또한 할당 혜택을 받을 가능성이 높다.

특정 집단이 단지 가난하다는 이유만으로 기타후진계층의 명단에 올라올 수 없지만, 반대로 경제적으로 선진집단이라는 이유로 혜택의 명단에서 제외할 수 있다. 따라서 부유층의 파악 문제는 기타후진계층 우대정책에 대한 공감대를 형성하는 데 매우 중요하다. 상층카스트가 반발하는 이유 중 하나는 경제적으로 확실히 여유가 있어 보이는 후진계층 사람들이 특혜를 받고 있다는 것이다.

제6장 결론: 요약과 평가

지금까지 기타후진계층의 우대정책, 인도식 용어로는 할당정책에 관해 소개하였다. 제1장에서는 이 글을 쓰게 된 동기와 연구의 범위를 밝혔다. 특히 중앙정부만이 아니라 지방정부인 안드라 프라데쉬 주의 정책도 연구범위에 포함하였다. 제2장에서는 기타후진계층의 의미와 사회경제적 특성을 살펴보았다. 기타후진계층이란 사회적으로나 교육적으로나 모두 열악한 위치에 놓인 후진계층 중에서 지정부족과 지정카스트를 제외한 나머지 후진계층을 의미한다. 우선 이들을 종종 기타 후진카스트라고 칭하기도 하지만 이것은 명백한 오류다. 왜냐하면 카스트가 이 집단을 분류하는 유일한 기준이 아니기 때문이다. 카스트적인 특성으로 인하여 사회적으로나 교육적으로 열악한 위치에 놓이게 된다면 기타후진계층으로 분류될 수 있지만, 카스트가 이 집단을 규정하는 기준 자체가 될 수는 없다. 그리하여 카스트가 없는 집단인 비힌두교 집단도 얼마든지 기타후진계층에 포함될 수 있다. 둘째로 지역에 따라서, 예를 들어 안드라 프라데쉬 주의 경우 이들을 단순히 후진계층이라고 부르지만, 전국적으로 이들은 후진계층의 일부에 불과하다. 일반적으로 후진계층이라고 하면 이들 말고도 지정카스트와 지정부족이 포함된다. 하지만, 일부 주의 경우, 이들은 지정부족과 지정카스트와 분리하여 별도로 후진계층이라고 칭하고 있다. 셋째로 이들을 규정할 때 사회적으로나 교육적으로 어느 한 가지 면만 후진에 속해서는 안 된다. 두 가지 면 모두 동시에 후진이어야만 한다. 마지막으로 중앙정부의 기타후진계층에 대한 특혜를 받기 위해서는 중앙정부가 관리하는 기타후진계층 명단에 해당 집단이 등재되어야 할 뿐만 아니라, 동시에 주정부가 관리하는 기타후진계층의 명단에도 등재되어야 한다. 따라서 동일한 명칭의 기타후진계층이라고 할지라도 주에 따라서 기타후진계층일 수도 있고 아닐 수도 있다. 특정 카스트 집단이 거주지에 따라 어떤 주에서는 기타후진계층으로 중앙정부가 주는 혜택을 받을 수 있으나 다른 주에서는 받지 못할 수도 있다.

이들 기타후진계층은 중앙정부가 만든 만달위원회 기준에 따르면 특정 집단이 사회적 지표 4개(각 지표당 3점), 교육적 지표 3개(각 지표당 2점), 경제적 지표 4개(각 지표당 1점)에 따라 받은 점수의 합이 11점 이상을 얻을 경우 기타후진계층으로 분류된다. 이런 기준으로 분류할 때, 만달위원회는 기타후진계층이 인도 전체 인구의 약 52%에 이른다고 추정하였다. 하지만 이것은 단순한 추정치에 불과하고 인도의 경우 해방 이후 한 번도 인구조사에서 카스트 집단을 조사한 적이 없기 때문에 정확하게 하층카스트나 기타후진계층의 인구 비중을 추정하기는 어렵다. 그럼에도 불구하고 인도 정부는 표본조사를 통하여 기타후진계층에 대한 추정치를 구하고 있는데, 이 추정에 따르면, 2009~10년 기준으로 전국 41.7%가 기타후진계층이라고 보고 있다. 도시에서는 39.4%가 기타후진계층이고 농촌에서는 42.6%가 기타후진계층이다.

안드라 프라데쉬 주의 경우에는 만달위원회의 기준을 그대로 따르지 않고 별도의 기준으로 후진계층을 규정한다. 이 주에서는 사회적 후진성, 교육의 후진성, 고용의 후진성, 경제적 지위 그리고 정치적 지위 등 다섯 가지 기준으로 후진성을 판단한다. 하지만 이 다섯 가지 기준을 가지고 구체적으로 실제 상황에서 어떻게 적용하는지는 불투명하다. 그럼에도 불구하고 안드라 프라데쉬 주에는 2007년 새롭게 추가된 14개의 후진적 회교도 집단인 그룹 E를 포함하여 총 139개의 후진집단이 주정부의 공식 명단에 등재되어 있다. 이 후진계층은 알파벳 A, B, C, D, E로 다시 재분류되어 관리되는데, A에는 53개 집단이 들어가고 11.88%의 인구가 포함되어 있다. B그룹에는 26개의 집단이 들어가고 14.32%의 인구비중을 보이고 있다. C그룹에는 1개의 집단만이 들어가며 전체 인구의 0.15%를 차지하고 있다. 마지막으로 그룹 D에는 46개의 집단이 들어가고 16.8%의 인구를 차지하고 있다. 가장 최근에 추가된 회교도 후진집단에 관해서는 인구비중에 대한 추정치가 존재하지 않고 있다.

기타후진계층에 대한 사회경제적 지표를 정확히 파악하기란 어렵다. 왜냐하면 이들을 두고서 인구조사를 실시하지 않기 때문이다. 다만, 표본조사를 통하여 추정한 바로는 대체적으로 이들의 사회경제적 지위는 일반카스트보다는 열악한 편이지만 지정카스트보다는 나은 편에 속한다. 예를 들어 2009~10년 자료에 따르면, 이 사회집단의 문자해독률은 농촌의 경우 67.9%고 도시의 경우 82.2%다. 이는 도시나 농촌이나 문자해독률 전국 평균에 조금 미달한다. 하지만, 문자해독률로 미루어볼 때 이 집단은 지정부족이나 지정카스트보다는 교육 부문에서 상대적으로 우월한 지위를 누리고 있음을 알수 있다.

이러한 기타후진계층의 사회경제적 지위는 안드라 프라데쉬 주에서도 비슷하게 나타난다. 예를 들어, 2009~10년 자료에 따르면 안드라 프라데쉬 주의 후진계층은 농촌에서나 도시에서나 지정카스트보다 소비 수준이 높은 반면 일반카스트보다는 소비 수준이 떨어진다. 앞에서 살펴본 대부분의 전국 단위 지표와 비슷하게 안드라 프라데쉬 주의 후진계층은 소비 수준이라는 지표에서 일반카스트보다는 지정카스트에 좀 더 가까운 편이다. 농촌의 경우 1인당 월평균 소비 지출은 지정카스트의 경우 1,155루피고 일반카스트의 경우는 1,571루피인 데 반해 후진계층의 경우는 1,184루피다. 도시의 경우도 유사하게, 지정카스트의 경우 1,757루피고 일반카스트의 경우 2,641루피인 데 반해 후진계층의 경우 1,999루피를 지출하고 있다. 기타후진계층 가구의 지출은 농촌이나 도시를 막론하고 안드라 프라데쉬 주 평균 소비 지출액보다 낮다.

요약하면 기타후진계층의 사회경제적 상황이 지정부족이나 지정카스트만큼 열악한 것은 아니다. 그러나 이들은 여전히 과거 카스트 구조에서 기저층에 속하는 수드라층이고, 독립 이후에도 우대정책을 필요로 하는 만큼 사회적 지위나 경제적 지위에서 열악한 상황을 벗어나지 못하고 있음을 알 수 있다.

　제3장에서는 이들에 대한 우대정책을 도입하게 된 역사적인 배경과 우대정책을 뒷받침하고 있는 헌법 조항들을 살펴보았다. 우선 제도적 보장에 해당하는 헌법 조항을 보면, 후진계층의 권익과 관련된 헌법 조항은 15조 4항, 15조 5항, 16조 4항, 16조 4B항, 46조, 164조 1항, 340조, 243D조 6항, 243T조 6항이다. 이 중 16조 4항, 46조, 340조만이 제헌헌법에 포함된 것이고, 나머지는 그 이후 수정헌법에 의해서 추가된 것이다.

　15조 4항은 차별금지를 둘러싼 소송에서 차별적 혜택을 금지한 재판결과에 대응하여 의회가 만든 1951년 첫 번째 수정헌법에 의해서 추가된 것이다. 15조 5항은 국가로부터 재정적인 지원을 전혀 받지 않는 사립교육기관이 과연 국가의 우대정책을 따를 필요가 있느냐를 둘러싼 오랜 논쟁을 정리하면서 의회가 내놓은 2005년 93번째 수정헌법에 의해서 추가되었다. 2000년 83번째 수정헌법인 16조 4B항은 할당제로 인해 해당 연도에 미충원된 인원을 차기년도나 그 이후로 이월하여 충원 가능한지, 그리고 이것이 차기연도의 충원 정원에 포함되는지, 아니면 별도로 인원을 선발하는지와 관련된 논쟁을 반영한 것이다. 46조는 제헌헌법의 기본 정신을 반영한 국가정책의 지도원칙의 일부로서, 비록 후진계층이라는 용어는 나오지 않고 다만 '보다 취약한 섹션들'이라고 언급하고 있지만, 실제로 후진계층의 복리증진을 국가가 책임질 필요가 있음을 선언한 것이다. 이것은 헌법에 명시한 다른 국가정책의 지도원칙처럼 국가에 대해서 법적인 이행강제력은 없으며 상징적인 의미만을 가질 뿐이다. 헌법 340조는 대통령이 앞으로 기타후진계층에 관한 위원회를 구성하여 이들의 여건을 조사하고, 중앙정부나 주정부가 이들의 곤경을 덜기 위해 필요한 조치를 강구하고, 이것을 의회에 보고서로 제출할 권한을 부여한 조항이다. 이 조항은 지정카스트나 지정부족의 경우 헌법에서 이 위원회의 구성을 의무화하고 이들의 권한을 명시한 것과 매우 대조적이다. 기타후진계층의 경우, 위원회 구성이 헌법에서 규정한 의무사항이 아니고 대통령이 필요에 따라 할 수 있는 권한의 일부에 불과할 뿐만 아니라 이 위원회의 구성과 권한을 세부적으로 명시하지도 않았다.

164조 1항은 다른 조항에 비하면 후진계층에 관한 주변적인 언급에 불과하다. 이것은 헌법에서 유일하게 후진계층에 관한 행정업무를 다루고 있다. 243D조 6항과 243T조 6항의 경우는 인도 헌법 수정안 중에서 사실 수정이라기보다는 보완이라고 봐야 할 정도로 완전히 새로이 추가된 지방자치에 관한 항목(part)의 일부다. 243D조 6항은 1992년 73번째 수정헌법에 추가된 판차얏에 관한 항목(Part IX)의 일부다. 이 조항에서는 최하위 지방자치기관인 판차얏을 자치기구로서 설립하는 것과 이에 관한 선거를 명시하고 있다. 이 과정에서 후진계층에 대한 할당문제를 언급하고 있다. 이와 마찬가지로 243T조 6항은 1992년 74번째 수정헌법으로 추가된 시 자치회(Municipalities IXA)라는 항목의 일부다. 이 두 가지 모두 후진계층에 대한 정치적 지위의 할당제를 언급하고 있다. 그러나 지정부족, 지정카스트, 혹은 여성과는 다르게 후진계층에 대해서는 자치정부의 선출직에 대한 할당을 세부적으로 규정하고 있지는 않다. 다만 주의회의 권한의 일부로서 그러한 할당이 필요하다면 실시하는 것을 막을 수 없다는 정도로 규정하고 있을 뿐이다.

독립 이후 인도 정부는 헌법 340조에 따라서 두 법의 후진계층위원회를 구성하였는데 각각 칼엘카르 후진계층위원회(1차 위원회)와 만달 후진계층위원회(2차 위원회)라고 불린다. 전자의 경우 약 2년에 걸친 활동을 마친 후 정부에 활동보고서를 제출하였는데 내부 위원들 간에 후진계층을 규정하는 방식(카스트 사용 여부)과 관련하여 이견이 매우 컸다. 또한 위원장이 최종보고서 서문에 후진계층에 대한 할당정책에 반대하는 내용을 적음으로써 사실상 국민회의 정부가 보고서를 수용하지 않는 빌미를 제공하였다. 결국 국민회의 정부는 이 보고서의 권고 내용을 받아들이지 않고 중앙정부 차원의 할당정책을 실시하지 않기로 결정하였다. 중앙정부는 다만 주정부들이 원하는 경우 각자 규정을 만들어 실시할 수도 있다고 하였으나 이 경우에도 카스트를 기준으로 할당정책을 펴지 말 것을 권고하였다.

이렇게 1차 위원회는 후진계층의 규정과 관련하여 카스트의 사용 여부를 둘러싸고 논란을 벌이다 무위로 끝났다. 오랜 기간이 지난 후 2차 위원회가 만들어졌는데, 이 위원회는 상층카스트가 주도하는 국민회의 정부의 오랜 장기집권이 막을 내리고 야당연합정당의 정부가 들어서면서 만들어졌다. 이 위원회는 1차 위원회와 달리 의장이 후진계층 출신이었고 다른 5명의 위원 역시 후진계층이었다. 이 위원회는 후진계층을 규정하는 시스템을 개선하고자 포인트 제도를 도입하여 비교적 객관적이고 과학적인 모습을 띠려고 노력하였다. 이 위원회는 전체 인구의 52%에 해당하는 3,943개의 카스트를 기타후진계층의 명단에 올리고 이들에게 공직의 27%를 할당할 것을 권고하였다. 또한 임용만이 아니라 승진에서도 할당 적용을 권고하였다.

이러한 만달위원회의 보고서는 야당연합의 정부가 내부 분열로 와해되고 국민회의 정부가 다시 들어선 뒤에야 완성되었다. 하지만 국민회의 정부는 최종 보고서를 의회에 상정하여 토론에 부쳤을 뿐, 그 이상의 어떠한 조치도 취하지 않았다. 사문화되어 있던 이 보고서는 1989년 다시 비국민회의 정부가 들어선 뒤에야 재추진되었는데, 당시 수상은 후진카스트 집단인 잣 카스트 출신이었다. 이 비국민회의 정부는 선거공약대로 1990년 만달보고서를 수용하기로 선언하고 시행령을 하달하였다. 하지만 이에 반대하는 소요사태 속에서 위헌소송이 제기되면서, 대법원이 조건부 합헌판결을 내리게 되는 1992년 이후로 시행이 미루어졌다. 1993년에 정부가 대법원의 단서조건에 따라서 부유층에 대한 규정을 만든 다음에야 정책을 시행할 수 있게 되었는데 할당정책에 따른 첫 충원은 1994년도에 가능하게 되었다.

안드라 프라데쉬의 경우는 할당정책이 이미 식민지 시대로 거슬러 올라갈 만큼 그 역사가 오래되었다. 이는 영국의 분할통치정책의 일부이자 남부 인도의 특이한 카스트 구조 때문에 발생한 비브라만운동의 일부이기도 하였다. 이러한 전통 속에서 독립 이후 새롭게 떨랑가나 지역과 통합된 안드라 프라데쉬 주는 할당정책을 지속적으로 실시하고자 하였으나 후진성을 카스트로 판단하는 문제를 둘러싸고 소송이 제기되어 시행이 여러 차례 미루어지게 되었다. 최종적으로 1968년 아난싸라만 위원회의 안이 오늘날 주정부의 할당정책의 기초가 되었는데 이 안 역시 초기에는 소송에 휘말려 고전을 하였지만 최종적으로 인도 대법원까지 가면서 승소하여 시행이 가능하게 되었다.

제4장에서는 할당정책의 구체적인 내용을 다루었다. 이것은 크게 3개의 분야로 나누어지는데 첫 번째가 공직임용분야의 할당이다. 인도 정부 산하의 공무원 자리와 서비스 중 직접 충원 방식으로 채워지는 지위 중 27%를 원칙적으로 기타후진계층에 할당하게 되어 있다. 여기서 주의할 점은 정부직의 모든 충원이 할당 대상이 되는 것이 아니라 직접 충원이 되는 공직만 그 대상이라는 점이다. 즉, 인도의 공무원 충원 6가지 방식에는 파견(deputation), 흡수통합(absorption), 단기계약, 재임용, 승진, 직접 충원이 있는데 여기서 할당의 대상이 되는 것은 직접 충원뿐이다. 또한 지정카스트나 지정부족의 경우에는 승진 역시 할당의 대상이 되지만, 기타후진계층의 경우에는 승진이 할당에서 제외되고 오직 충원 당시에만 해당된다. 또한 이러한 할당제는 특정 사람들(에, 부유층)이나 부문에는 적용되지 않거나 제한적으로 실시된다. 예를 들어, 과학과 기술직과 같은 전문직의 경우에는 인도의 A, B, C, D등급 공직 서열체계에서 최상위 등급인 A그룹 내의 최하위 단계의 직위까지만 할당을 적용하고, 이보다 더 고위직의 경우에는 할당제를 적용하지 않는다. 그리고 일반 후보자들과 똑같은 기준으로 공개경쟁을 통해 실력으로 채용된 기타후진계층의 후보자는 27% 할당 비율 계산에 포함되지 않는다. 이러한 할당제는 좁은 의미의 정부관료직만이 아니라 공공 부문 기업과 공공 부문 은행을 포함한 금융기관, 정부로부터 보조금을 받는 임의단체, 독립단체, 법정기관과 준정부기관까지 적용된다. 할당으로 인한 자리가 공고 당해에 자격자 부족으로 충원되지 않는다면, 차후 3년 동안은 여전히 할당직으로 공고를 내고 그래도 충원이 되지 않는다면 일반 비할당직으로 돌릴 수 있다. 기타후진

계층의 경우 일반적인 나이 제한이 있는 경우 3살까지 더 연장하여 지원 자격을 부여한다. 지정부족이나 지정카스트는 5살까지 연장이 가능하다.

모든 직위에는 충원 규정으로 필수 자격 요건과 바람직한 자격 요건이 사전에 명시되어 있는데, 필수 자격 요건에는 학력 자격과 경력 요건이 있다. 지정부족과 지정카스트의 경우 해당 부와 국이 행정효율성을 저해하지 않는 범위 내에서 필요하다고 판단하면 경력 요건을 이들에게 유리하게 완화할 수 있다. 그러나 기타후진계층의 경우 이러한 규정은 없다. 최소한의 필수 학력 자격이나 학력 기준이 명시된 경우에 이것은 지정부족이나 지정카스트 또는 기타후진계층 누구에게든 완화되지 않고 공히 적용된다.

그런데 필수 자격 요건은 그대로 두고, 기타후진계층에 할당된 쿼터를 채우기 위하여 필기시험과 인터뷰에서 합격커트라인 혹은 일반적인 선발 기준이나 점수를 지정카스트나 지정부족처럼 완화할 수 있다. 지정부족이나 지정카스트와 같이 직접 충원의 경우, 필기시험을 보든 아니든 상관없이 기타후진계층에게 할당된 정원만큼을 일반 선발 기준으로는 모두 채울 수가 없다면 할당 정원 중 미충원 인원만큼을 기타후진계층으로 여전히 채워야 한다. 이렇게 미충원된 인원을 기타후진계층으로 채우기 위하여 일반적인 기준이 아니라 완화된 기준을 적용하여 기타후진계층을 뽑을 수가 있다.

실제 할당과정은 기술적으로 매우 복잡한데, 복잡한 행정으로 인한 업무 부담을 덜기 위하여 이른바 '할당 범주별 할당순서표'를 만들어 배포하고 있다. 이것은 공석이 아니라 직위를 기준으로 작성되는데, 이 글에서는 20명의 직위가 있는 부서의 가상모범명부표를 일례로 들어보았다. 이 경우 자리공고가 나는 순서대로 처음에는 비할당 일반직을 뽑고, 두 번째, 세 번째 채용도 마찬가지로 비할당으로 선발한다. 이후 다섯 번째에 비로소 할당직 1명을 뽑는데, 이 경우 기타후진계층에게 할당된다. 이후 2명은 비할당으로 다시 뽑고, 바로 다음에는 지정카스트를 선발하고 곧이어 기타후진계층을 충원한다. 이어서 3명의 비할당 일반인을 선발하고 다시 기타후진계층 1명, 이후 비할당 일반인 1명, 지정부족 1명, 지정카스트 1명, 기타후진계층 1명, 비할당 2명, 기타후진계층 1명, 마지막으로 20번째에 지정카스트 1명을 선발하여 명부에 나오는 순서대로 충원을 완성하게 된다. 20명 미만의 할당과정에서는 몇 가지 기술적인 문제점이 발생하는데 이것을 해결하기 위하여 짜맞추기(squeezing)를 하거나, L자형 명부를 만들기도 한다.

주의할 점은 이러한 모범 명부의 범주별 충원순서는 처음 조직의 편제시에 적용되는 것이며, 그 이후 결원의 재충원 과정에는 적용되지 않는다. 이미 편제가 되어 있는 조직에서 지정카스트나 지정부족이 몇 명 모자라는 상황에서 그 조직에 공석이 여러 석 발생하여 충원이 이루어져야 한다면, 우선 현재 인원에서 의무할당비율보다 적은 지정카스트나 지정부족을 먼저 충원하여야만 한다.

기타후진계층에 대한 우대정책 중 교육 부문 우대정책의 실행은 앞의 공직할당과는 달리 상대적으로 느린 편이다. 기타후진계층을 위한 공직 부분의 할당과 관련하여서는 1992년 11월 16일 인도 대법원 판결인 인디라 쏘흐니 대 인도 정부 소송 판결(Indira Sawhney vs Union of India) 후인 1993년에 구체적인 시행령을 만들었다. 그러나 교육 부문, 특히 입학정원 할당과 관련하여서는 중앙정부 차원에서 어떠한 시행령도 만들지 않았다. 중앙정부 차원에서는 2006년도에 와서야 비로소 대학 입학 관련하여 구체적인 할당조치를 시행하게 된다. 2006년 이전까지는 지정카스트나 지정부족과 달리 기타후진계층이 받는 혜택은 할당이 아니라 입학 이전과 이후에 장학금, 기숙사 입소, 입학준비시험 강습기회 등 금전적으로 도움을 받거나 학업증진을 위해서 학습 보조를 받는 것이 전부였다. 이렇게 중앙정부가 기타후진계층을 위해 비할당 혜택에 투입하는 예산은 지정카스트에 비하여 액수가 너무나 미미하여 사실상 기타후진계층 개인으로 보면 별로 의미가 없는 수준에 불과하였다.

2005년 93차 수정헌법으로 이른바 만달 II가 개시되면서 대학 입학 과정에서 기타후진계층이 본격적으로 할당 혜택을 받을 수 있게 되었으며, 교직원의 채용에서도 할당 혜택을 주기 시작하였다. 구체적으로 해당 연도에 할당 단위인 각 학문분야 혹은 대학(faculty)의 입학정원 중에 15%는 지정카스트에게, 7.5%는 지정부족에게, 27%는 기타후진계층에게 할당되었다. 교직원의 경우, 조교수까지는 할당을 하고 그 이상 부교수나 교수의 채용이나 승진에는 할당이 없다. 이러한 할당정책의 시행 대상은 전체 대학기관이나 고등연구기관이 아니라 정부가 관할하는 중앙(공립)교육기관에 한정하였다. 종교적 소수집단이 설립하여 운영하는 양질의 대학이나 고등교육기관은 할당제에서 제외되었을 뿐만 아니라, 새롭게 등장한 시장 수요에 부응하여 설립된 수많은 다른 사립교육기관 역시 이 법안의 시행 대상에 포함하지 않음으로써 이들 기관에 대해서는 잠정적으로나마 할당제를 유예하였다. 그리고 중앙정부관할 기관 중에서도 국가적으로나 전략적으로 중요성을 갖는 고등연구기관은 제외되고 일부 부족 지역에 소재한 기관 역시 열외되었다.

기타후진계층을 위해 입학 할당제를 실시함으로 인해 기존의 상층카스트들이 역차별 받는 것을 막고 이들이 만달 II에 저항하는 것을 줄이기 위해 인도 정부는 추가조치를 취하였다. 이 조치에 따르면 해당 대학이나 학문분야에 지정카스트, 지정부족 그리고 기타후진계층에게 할당된 입학정원을 제외하고 남은 입학정원이 할당제가 발효되기 바로 직전 학년보다 적어서는 안 된다. 즉, 기타후진계층에게 예를 들어 50명의 정원을 할당하게 되면, 기존의 대학 입학 일반정원이 늘어나지 않는 상태에서는 일반 학생 선발정원이 그만큼 줄어들어서 피해를 보게 된다. 이러한 일반 학생들의 피해를 무마하기 위하여 새로이 50명을 할당하게 되면 실제로 총 100명의 대학정원을 늘려서 선발하도록 하였다.

마지막으로 기타후진계층의 정치 부문 할당과 관련해서는 기본적으로 지정카스트나 지정부족에 비하여 할당 혜택이 제한적이다. 기타후진계층을 위한 정치적 배려는 중앙정부 차원에서는 전무한 상태다. 따라서 중앙정부 기관 중에 정치적 의석에 해당하는 연방의회 자리를 기타후진계층에게 할당하지는 않는다. 이는 지정부족이나 지정카스트의 경우 의회 의석을 일정한 비율로 할당하여 선출되도록 한 규정과 차이가 난다. 중앙정부 차원에서 이러한 선출직 할당이 전무할 뿐만 아니라 주정부 차원에서도 마찬가지로 선출직 할당제가 실시되지 않고 있다. 하지만 모든 선출직에서 기타후진계층의 할당제가 배제되고 있는 것은 아니다. 인도의 최하위 지방자치 단위인 마을이나 지구(district), 그리고 그 중간 단위에서 운영하는 판차얏과 시에서 운영하는 시 자치회의 등에서는 기타후진계층을 위한 선출직 할당을 실시하고 있다.

이 책에서는 지방자치기구 중 판차얏에서의 할당제를 자세히 살펴보았는데, 영국 식민지 당시에 행정기구의 일부로 편입된 판차얏은 독립 이후 주마다 서로 다른 방식으로 운영이 되었고, 각 단위별 판차얏 간의 연관관계도 주마다 상이하였다. 어떤 주는 상위 지역단위에게 더 많은 권한이 부여되었고 다른 주는 하위 단위 판차얏에 권한을 더 많이 부여하는 식으로 운영되었다. 하지만 1960년대와 1970년대에 들어서면서 판차얏은 지방자치기구로서 기능을 거의 상실하였는데 정부의 각종 지역 개발프로그램이 기존의 관료조직을 통하여 실시되면서 중앙정부의 권한이 강화되었기 때문이었다.

1977년 국민회의의 장기집권이 종식된 후 판차얏 개혁 위원회가 만들어지고 그 이후 다시 국민회의 정부에서 2개의 위원회가 만들어지는 등 여러 가지 우여곡절을 겪은 다음에 판차얏 관련 수정헌법이 최종적으로 1992년 통과되고 1993년 발효되게 되었다. 판차얏은 이 수정헌법에 따라서 기초 단위의 헌법기관으로 승격되었다. 마을 전원회의체인 그램 사바(Gram Sabha)를 판차얏 통치의 기초 기구로 하고 있으며, 이 기구는 투표권이 있는 전체 마을 주민으로 구성된다. 이것에 기반하여 여기서 선출되는 마을 단위 판차얏, 중간 행정 단위의 판차얏 그리고 최고 행정 단위인 지구에서의 판차얏이 주의 특성과 관계없이 일률적으로 구성된다. 이 3층 구조의 판차얏 구성원들은 몇몇 당연직을 제외하고는 주민들에 의해서 직접 선거로 선출된다. 중간과 상층 단위의 판차얏 의장은 선출된 성원 중에서 호선으로 뽑힌다. 다만 최하위 단위인 마을 판차얏의 의장은 주의회가 정하는 바에 따라서 선출되도록 하였다. 또한 판차얏의 의석 중 일정 부분을 지정부족과 지정카스트의 인구에 비례하여 할당하도록 하였고 여성 구성원의 비율도 최소한 1/3이 할당되도록 하였다. 이것은 모든 3개 단위의 판차얏에 공히 적용이 된다. 판차얏 의장 역시 비슷한 방식으로 지정카스트, 지정부족 그리고 여성에게 할당되도록 하였다. 비록 헌법에는 기타후진계층의 할당을 직접적으로 강제하거나 구체화하지 않았지만, 지금까지와 달리 주의회에게 기타후진계층에 대한 할당을 추가로 제공할 수 있는 권한을 부여하였다.

이러한 수정헌법이 통과된 뒤에 1994년 4월까지는 인도의 모든 주에서 지방자치기구로서 판차얏에 관한 주법이 만들어졌다. 하지만 각 주마다 실제 판차얏의 운영은 차이가 난다. 현재 마을 단위 판차얏의 경우 총 237,539개가 있고 인구 수 때문에 중간 단위를 두지 않은 일부 주를 제외하면 중간 단위 판차얏도 6,326개에 이른다. 최고 수준의 지구 단위 판차얏의 경우 전국에 걸쳐 총 589개가 존재한다.

판차얏기구에서의 기타후진계층에 대한 할당은 각 주의 사정에 따라 매우 상이하다. 할당이 전혀 없는 주에서부터 기존 지정카스트와 지정부족 할당분에다 기타후진계층에 대한 할당지분을 더하면 50%가 넘는 주도 있다. 이것은 할당의 상한선을 50%를 넘지 않도록 규정한 대법원 판결이 있지만 위법이 아니다. 대법원 판결은 오로지 공직과 교육기관 할당에만 적용이 되며 정치영역에는 적용되지 않기 때문이다. 이러한 할당정책은 안드라 프라데쉬 주의 경우 비교적 우호적인데, 그램 판차얏의 의석, 그램 판차얏 의장직, 만달 프라자 파리샤드 의석, 그 의장직, 질라 프라자 파리샤드 의석,

그 의장직의 34% 이상의 의석을 기타후진계층에게 할당하도록 규정하고 있다. 할당하는 방식은 순번제로 특정 의석을 돌아가면서 지정하는 방식으로 한다.

제5장에서는 기타후진계층 우대정책의 시행에 있어서 문제점을 짚어보았다. 첫 번째 문제는 기타후진계층이 아닌데도 혜택을 받는 경우이고, 두 번째 문제는 반대로 태생적으로 기타후진계층의 집단에 속함에도 불구하고 할당 혜택을 받지 못하는 경우다. 앞의 것은 기타후진계층임을 증명하는 문서를 허위로 발급받는 경우에 발생한다. 기타후진계층 증명서를 발급하는 기관이 통합되어 있지 않고 다양한 기관에서 발급할 수 있기 때문이다. 그만큼 증명서 관리에 부정이 개입할 소지가 많아지게 된다. 부정한 방법으로 발급한 증명서로 혜택을 받은 경우 추후에 임명이나 입학이 취소될 수 있음에도 불구하고 그러한 사례들은 자주 발생한다.[30]

이와는 반대로 태생적으로는 기타후진계층으로 지정된 집단에 속하지만, 후천적으로 얻은 사회경제적 속성으로 인하여 할당 혜택을 받지 못할 수가 있다. 이러한 층을 인도에서는 부유층(creamy layer)이라고 부른다. 비록 이들이 속한 집단 소속 구성원의 절대다수가 정부에서 정한 후진성을 보이기 때문에 할당 혜택을 받을 수 있는 집단으로 정부가 인정할지라도 일부 가족의 경우 다른 성원들과 달리 사회경제적으로 월등히 앞선 위치에 있을 수 있다. 이들 가족들의 경우 정부는 특혜를 베풀어 지위를 향상시킬 유인이 존재

---

[30] 증명서의 경우 유효기간이 6개월로 짧기 때문에 적절한 시점에 발급을 받지 못한다면, 혜택을 받을 수 없다. 지원서의 마감일을 기준으로 증명서가 유효하여야 한다.

하지 않는다. 인도 대법원이 할당 혜택을 지정카스트와 지정부족을 넘어 기타후진계층으로 외연을 확장하는 것을 허용할 때 단서조항이 바로 이러한 부유층을 제외하여야 한다는 것이었다. 그만큼 기타후진계층의 집단은 지정카스트와 지정부족과 달리 동질적인 집단으로 간주되지 않는다. 지정카스트나 지정부족 집단들은 그 내부에서 아무리 특정 가족이 우월한 사회경제적 지위를 누리고 있더라도 여전히 다른 족속들과 동일하게 할당 혜택을 받는다.

부유층에는 대통령을 포함한 상위 헌법기관의 직위를 가진 자의 자제, 일정 조건을 갖춘 최상급 공무원인 A등급과 그 아래 등급인 B등급 관료의 자제, 중령이나 그 이상의 지위를 가진 군인의 자제, 혹은 일정 규모 이상의 자산가들의 자제 및 소득/재산이 일정 수준을 초과하는 사람들의 자제 등이 여기에 포함된다. 대부분의 사람들에게 문제가 되는 것은 소득/재산 기준이다. 공무원이 아닌 경우 사실상 부유층을 판단하는 기준은 자산과 소득이 전부다. 하지만 자산과 소득을 정확하게 파악하는 것은 용이하지 않다. 소득의 경우 공식적으로는 현재 연간 60만 루피 이상의 소득이 있을 경우 부유층으로 분류된다. 이 소득/재산 테스트의 경우 전반적으로 형평성이 많이 떨어진다. 인도에서 소득의 세 가지 원천을 따지는데 하나는 농지소득, 다른 하나는 급여성 소득이고 마지막으로는 기타소득이다. 그러나 소득/재산테스트를 할 때 이 세 가지를 합산하지 않는다. 60만 루피나 그 이상이냐를 따지는 경우 농지소득은 제외하고 계산하며, 또한 급여성소득과 기타 소득을 합산하여 계산하지 않고 그 중 한 가지만 본다. 예를 들어 어떤 부모의 급여가 연간 30만 루피고 기타 소득이 30만 루피라고 하면 그 부모는 여전히 부유층에 속하지 않는다. 또한 당사자가 아무리 부유하더라도 부모의 소득이 60만 루피 이하면 할당 혜택을 받을 수가 있다.

부유층을 가려내는 것은 매우 어려운 행정작업이기 때문에 안드라 프라데쉬 주의 정부는 기타후진계층을 판별하는데서 부유층 기준을 사실상 사용하지 않는다.

지금까지 기타후진계층의 규정과 사회경제적 현황, 할당정책 도입의 역사적 배경, 할당정책의 내용, 할당정책과 관련된 문제점 들을 살펴보았다. 이 글을 마치기 전에 이 할당정책에 대한 평가를 하고자 한다. 기타후진계층을 위한 할당정책은 이들에게 보다 실질적인 기회균등을 제공하기 위한 인위적인 조치다. 인도의 할당정책의 특징은 우선 일면적인 할당정책이 아니라 다방면에 걸친 것이다. 그것은 비단 교육에 있어서 실질적인 평등을 보장하기 위한 대학 입학정원의 할당만이 아니라 교육을 받은 다음에 취업을 할 때에도 실질적인 기회균등을 보장하기 위한 정책적인 노력이다. 또한 이러한 할당정책은 민주정치에서 정치적인 대표성을 강화하기 위한 조치도 포함되어 있다. 따라서 할당정책은 교육, 직업 그리고 정치 이렇게 세 영역에 걸쳐서 시행이 되고 있다.

인도의 할당정책은 전방위적임에도 불구하고 또한 몇 가지 제한적인 면이 있다. 우선 대학 입학의 경우 그것은 정부가 관할하거나 보조금을 지원하는 대학에 한하여 시행되고 있다. 따라서 1990년대 개방화와 자유화 이후 우후죽순처럼 생겨난 사립대학의 경우 굳이 할당정책을 시행하지 않아도 된다. 취업의 경우에도 마찬가지로 갈수록 확대되고 있는 민간 부문에서는 할당정책이 시행되고 있지 않다. 할당정책은 정부 공무원이거나 공공 부문의 금융이나 임의단체와 정부지원을 받는 일정규모의 민간단체 등에 한하여 시행되고 있다. 기타후진계층의 경우 정치적인 할당도 시행하고 있지만 매우 제한적으로만 하고 있다. 지정카스트나 지정부족과 달리 연방의회나 주의회 의석의 경우에는 할당을 실시하지 않고 있으며 할당되는 것은 그 이하 행정 단위의 자치의회 수준에서 하고 있다.

따라서 인도 정부가 실시하고 있는 기타후진계층에 대한 우대정책은 매우 적극적인 우대정책이라고 평가하기 어렵다. 이는 갈수록 강해지는 후진계층의 정치력에 대한 상층카스트의 정치적인 양보로 보인다. 인도의 정당체계는 과거 국민회의 중심의 일당우위체제에서 완연한 다당제로 1980년대 말에 재편되었다. 따라서 모든 정당이 극심한 득표경쟁에 몰리게 되고 정치적인 혼란 속에서 비교적 안정적인 득표를 할 수 있는 카스트 집단이 중요한 정치적인 표밭으로 등장하게 된다. 이러한 다당제의 등장과 카스트 집단 중심의 정치 구조 재편으로 인하여 발생한 부산물이 우대정책의 기타후진계층에로의 확대이다.

그럼에도 불구하고, 이 할당정책은 나름대로 소기의 성과를 내고 있는 것으로 보인다. 정책 효과 측면에서는 긍정적으로 평가할 수 있다. 비교적 상세한 자료가 나와 있는 취업 부문, 즉 공공 부문 할당의 성과에 관해서 살펴보면 특히 그러하다. 우선 중앙정부 공직의 사회집단별 비율을 보면, 지정카스트는 오랜 기간 할당제도를 시행한 결과 2000년도에 들어오면서 실질적으로 인구에 비례하는 수준으로 중앙정부 공무원 자리를 차지하고 있다. 그리고 연도별로 이러한 비율에는 거의 변화가 없는 편이다. 이러한 지정카스트에 비하여 뒤늦게 공직할당제도의 혜택을 받는 기타후진계층의 경우는 공직자가 인구비율에 비하여 매우 적다. 이들 인구는 전체 인구의 40%에서 50% 정도 되는데, 이들이 공직에서 차지하는 비율은 2000년도 초반까지 겨우 4% 정도에 불과하였다. 결과적으로 사회경제적으로 이들보다 훨씬 더 열악한 지정카스트보다도 공직진출의 비율이 낮았다.

〈표 6-01〉 인도 중앙정부 공직의 사회집단별 비율(2002~2009)

(단위: 10만 명, %)

| 사회집단 연도 | 지정카스트 | | 기타후진계층 | | 나머지 집단 | | 총 인원 |
|---|---|---|---|---|---|---|---|
| | 명 | % | 명 | % | 명 | % | (명) |
| 2002 | 5.40 | 16.52 | na | na | 25.17 | 77.00 | 32.69 |
| 2003 | 5.21 | 17.05 | 1.38 | 4.53 | 21.98 | 71.88 | 30.58 |
| 2004 | 5.02 | 16.63 | 1.59 | 5.29 | 21.66 | 71.65 | 30.23 |
| 2005 | 5.13 | 16.67 | 1.82 | 5.93 | 21.77 | 70.66 | 30.82 |
| 2007 | 4.51 | 16.51 | 1.90 | 6.97 | 19.06 | 69.66 | 27.36 |
| 2008 | 4.80 | 16.53 | 3.68 | 12.66 | 18.58 | 63.58 | 29.09 |
| 2009 | 4.91 | 16.36 | 4.25 | 14.19 | 18.67 | 62.27 | 29.98 |

주1) 단순청소부(sweepers)는 자료에서 제외하고 '나머지 집단'은 지정부족을 제외한 수치다.
주2) 2006년 자료는 부재.
출처: Ministry of Social Justice & Empowerment(2013: 163).

이렇게 낮은 공직진출의 비율이 할당제 시행 이후 갈수록 개선되고 있는데, 자료로 확인 가능한 가장 최근 연도인 2009년을 보면 14%를 갓 넘겼다. 지정카스트에 비해 여전히 낮은 수치이지만, 10년 사이에 약 10% 포인트 증가한 것은 놀라운 개선이라고 볼 수밖에 없다.

물론 이러한 수치의 개선이 전부 다 할당제도 때문이라고만 할 수는 없다. 그 전에 인도 공직에서 기타후진계층이 차지하는 비율이 낮았던 것은 이들 집단이 대부분 농촌에서 거주하고 사회경제적으로 지정카스트보다 상대적으로 여유롭기 때문에 공직진출 자체에 그렇게 많은 관심을 두지 않은 탓이기도 하다. 과거에 이들은 전통적인 직업에 종사하였기 때문에 공직진출을 통하여 사회경제적 지위 향상을 꾀할 유인책이 지정카스트에 비해 부족한 편이었다. 하지만 1990년대와 2000년대에 들어오면서 인도의 개방과 개혁이 강화되고 도시화가 가속화되면서 자신들의 전통적인 세습직업의 경쟁력이 상실되거나 쇠퇴의 길을 걷게 되었다. 또한 할당제도 자체에 대한 사회적 논란이 증폭되면서 이 제도에 대한 기타후진계층의 관심도와 인지도가 높아지게 되었다. 이 결과 이들의 공직진출이 늘어나게 된 면도 있다. 결과적으로 보면, 기타후진계층의 공직진출 증가는 공직할당제만이 아니라 객관적인 사회경제적 여건의 변화에도 기인한다.

기타후진계층의 공직진출이 단순히 늘어났을 뿐만 아니라 이들의 공직등급에서의 분포도를 보더라도 나쁘지 않다. 지정카스트의 경우 상위 등급부터 하위 등급까지의 비중을 볼 때 하위로 갈수록 비중이 조금씩 늘어나고 상위층의 비중이 줄어드는 반면에 일반카스트의 경우에는 상위 등급일수록 그 비율이 높다. 2010년 자료를 보면 지정카스트의 경우 A, B, C, D등급의 비율이 각각 11.60%, 15.30%, 15.90%, 18.60%고 일반카스트의 경우 A, B, C, D 등급의 비율이 각각 75.46%, 72.87%, 61.84%, 59.05%를 차지하고 있다. 따라서 일반적으로 볼 때, 사회경제적으로 우대정책이 필요 없는 계층일수록 상위직급 비율이 높다고 볼 수 있다. 이러한 일반적인 추세에 비추어 볼 때, 기타후진계층은 중간 정도 위치에 속한다. 상위 2개 등급에서는 상위 등급인 A에서의 비율(8.40%)이 B에서의 비율

(6.10%)보다 높지만, 하위 2개 등급에서는 최하위 등급의 비중이 차상위 등급보다 더 높다. 전반적으로 볼 때는 하위 2개 등급의 비중이 상위 2개 등급의 비중보다 높아서 일반카스트보다는 지정카스트 쪽에 더 가까운 양상을 보이고 있다. 이것이 의미하는 것은 아직도 기타후진계층의 경우 공직등급분포도의 개선에도 불구하고 일반카스트와 공개경쟁을 하기에는 역부족이기 때문에 할당제도의 유지가 여전히 더 필요하다는 것이다.

〈표 6-02〉 등급별 인도 중앙정부 공직의 사회집단별 비율(2010.1.1. 현재)

(단위: 10만 명, %)

| 사회집단<br>등급 | 지정카스트 | | 기타후진계층 | | 나머지 | | 총 인원 |
|---|---|---|---|---|---|---|---|
| | 명 | % | 명 | % | 명 | % | 명 |
| A | 0.10 | 11.60 | 0.07 | 8.40 | 0.67 | 75.46 | 0.88 |
| B | 0.26 | 15.30 | 0.10 | 6.10 | 1.26 | 72.87 | 1.73 |
| C | 3.30 | 15.90 | 3.06 | 14.80 | 12.80 | 61.84 | 20.70 |
| D<br>(청소부 배제) | 1.24 | 18.60 | 1.01 | 15.20 | 3.93 | 59.05 | 6.66 |
| 총합 | 4.90 | 16.36 | 4.25 | 14.19 | 18.67 | 62.26 | 29.99 |

주: 6개 부/국의 정보는 포함하지 않았고, '나머지' 범주에는 지정부족이 들어가지 않았고, 총합은 지정부족 포함한 것임.
출처: Ministry of Social Justice & Empowerment(2013: 164).

기타후진계층의 비중은 비단 중앙정부직에서만 높아진 것이 아니다. 또 다른 할당 대상인 중앙정부관할 공공 부문 기업체에서도 마찬가지의 현상을 관찰할 수 있다. 중앙정부직과 비교하였을 때 2000년대 초반까지 기타후진계층의 비율이 상대적으로 높은 편이다. 이미 2000년대 초반에 지정카스트의 비율이 14~15% 정도일 때 기타후진계층은 16~17% 정도를 차지하고 있었다. 이러한 비율은 중간에 일시적으로 하락하기도 하였지만 꾸준히 상승하여 2010년 대까지는 20%를 초과하여 24% 정도에 이르고 있다. 정부 공직에 비하여 초기 비율이 높은 것은 할당제로 인한 것은 아니지만, 이후의 증가는 할당제 때문인 것으로 보인다. 이러한 할당제로 인한 기타후진계층의 비율 증가는 나머지 일반카스트 집단의 공직비율의 하락으로 이어지고 있다. 2000년 초 60%에 육박하였던 나머지 일반카스트 출신 공직자가 2010년대에 오면 50% 이하로 하락하고 있다.

일반카스트의 비율과 기타후진계층의 비율이 공기업 부문에서 역방향 움직임을 보이는 것은 할당정책을 통한 정부의 인위적인 노력의 결과이기도 하지만, 기타후진계층의 상대적인 사회경제적인 역량이 강화된 결과로 볼 수도 있다. 하지만 이러한 역량강화가 오로지 이 기간에 지정카스트와 나머지 일반카스트 집단이 아닌 기타후진계층에서만 유독 일어났다고 볼 수 없기에 기타후진계층의 비율 증가는 상당 부분 정부의 인위적인 정책에 기인한 것으로 보아

〈표 6-03〉 인도 중앙공기업에서의 사회집단별 비율(2003~2011)

(단위: 천 명, %)

| 사회집단<br>연도 | 지정카스트 | | 기타 후진계층 | | 나머지 | | 총 인원 |
|---|---|---|---|---|---|---|---|
| | 명 | % | 명 | % | 명 | % | 명 |
| 2003-04 | 14.60 | 14.6 | 16.59 | 16.6 | 60.65 | 60.6 | 100.10 |
| 2004-05 | 14.73 | 15.1 | 16.95 | 17.4 | 57.65 | 59.0 | 97.67 |
| 2005-06 | 14.32 | 15.3 | 16.69 | 17.8 | 54.34 | 58.0 | 93.71 |
| 2006-07 | 14.83 | 15.7 | 15.04 | 15.9 | 56.59 | 59.8 | 94.61 |
| 2007-08 | 14.82 | 16.0 | 14.89 | 16.0 | 54.71 | 59.0 | 92.83 |
| 2008-09 | 16.30 | 17.6 | 19.31 | 20.9 | 49.81 | 53.5 | 92.34 |
| 2009-10 | 16.11 | 17.9 | 19.91 | 22.1 | 54.08 | 60.0 | 90.10 |
| 2010-11 | 16.13 | 18.1 | 21.56 | 24.2 | 43.72 | 49.1 | 89.13 |

주) '나머지' 집단의 경우는 지정부족을 포함하지 않은 것이고, 총합은 지정부족을 포함한 것임.
출처: Ministry of Social Justice & Empowerment(2013: 165).

도 무방할 것이다. 특히 표에서 제시하는 기간에는 정부의 시장경제 친화적인 정책으로 공기업 직원의 수가 꾸준히 하락하여 동일 부문에 취업하려는 사람들 사이의 경쟁이 훨씬 격화되었다. 이런 마당에 기타후진계층의 비율이 증가한 것은 상당 부분 정부의 할당정책이라는 인위성에 기인한다고 볼 수밖에 없다.

이렇게 긍정적인 효과에도 불구하고 기타후진계층 할당정책은 여전히 많은 문제점을 안고 있다. 그 중에서 가장 큰 문제는 할당정책의 수혜를 받는 집단의 수는 갈수록 증가하는 반면에 민영화와 개방화 등으로 인하여 정부나 공공 부문의 일자리는 상대적으로 줄어들고 있는 것이다. 할당정책에 대한 인식의 제고로 인하여 그동안 기타후진계층에 편입을 시도하지 않았던 집단들이 새로이 적극적으로 편입을 시도하고 있어서 기타후진계층의 명부에 올라오는 집단의 수는 날이 갈수록 증가하는 추세다. 이에 반하여 어떤 집단의 사회경제적 지위가 개선되었다고 하더라도 한번 기타후진계층으로 편입되면 이 집단을 명부에서 삭제하는 것은 어렵다. 논리적으로는 그렇게 될 수 있어야 하지만, 현실적으로 카스트 집단에 대한 객관적인 인구조사가 실시되고 있지 않을 뿐만 아니라, 이들의 정치적인 입김도 무시할 수는 없기 때문에 실제로 시행하기가 어렵다. 이렇게 할당정책의 수혜를 받는 기타후진계층의 수는 증대하는 반면에 막상 그러한 할당정책의 대상이 되는 공공분야 일자리의 수는 감소하는 추세다. 인도 정부가 더 이상 과거와 같은 사회주의 노선을 고집할 수 없고 공기업의 민영화와 더불어 효율적인 정부운영을 강조하는 세계적인 추세에 따라서 공공 부문의 일자리가 축소되고 있다.

이에 따라서 비단 기타후진계층만이 아니라 지정카스트들도 할당정책의 민간 부문으로의 확대를 주장하고 있지만, 인도 사회에 나름대로 뿌리박힌 사유재산 보호 관행 때문에 정부가 할당제의 외연을 민간 부문으로 확대하는 것은 인센티브를 통하여 자발적으로 참여를 유도할 수는 있겠지만, 법률에 의하여 강제하는 것은 어려울 것이다.31)

마지막으로 연구의 한계점을 지적하면서 끝을 맺고자 한다. 이 분야에 대한 추가 연구에서는 우대정책에 대한 비교 연구가 무엇보다 필요하다. 우선 다른 우대정책 수혜자 집단인 지정카스트나 지정부족 등과 비교하여 정책의 공통점과 차이점을 비교하지 못하였다. 여기서도 물론 중간 중간에 차이점이나 공통점을 언급하였지만, 연구의 초점이 아니기에 체계적인 비교연구라고 볼 수는 없다. 또한 인도를 넘어서 우대정책이 우리나라를 포함한 다른 나라에서의 우대정책과 구체적으로 어떻게 차이가 나는지를 비교하지 못한 것도 아쉬운 점이다. 일례로 우리나라 교원 임용에서 지역 가산점을 부여하는 것이나 지방자치 기초 단위 선거에서 비례대표 의원직을 여성에게 전원 할당하자는 제안 등은 양성평등과 기회균등의 원칙을 강조하는 인도에서도 수용되기 어려운 우리만의 정책이다. 또한 우리나라 지역갈등의 해소방안으로 공무원 정원 할당을 출신 지역을 기준으로 할 수 있는지 등이 국제적 비교 대상이 될 수 있을 것이다. 이러한 인도 내부 집단 간의 비교나 국제적인 비교는 이 연구의

---

31) 인도의회와 사법부 간의 알력으로 헌법에서 침해할 수 없는 기본권 중에 사유재산권이 삭제된 상태이지만, 여전히 인도 사법부의 경우 사유재산 보호 논리는 강하다.

범위를 넘어선다. 하지만 추후에 진행되어야 할 연구과제 중 하나
라고 본다.

부록

# 〈부록 1〉 인도 교육 부문 할당의 일반적 규정에 관한 질의문답 및 한국과 비교

반드시 기타후진계층에 대한 할당의 문제가 아니지만, 교육 부분에서 일반적인 할당 문제와 관련하여 인도의 법원 판례를 중심으로 기타 여러 가지 의문점을 정리하여 보고자 한다. 이 부분은 우리나라 교육 부문 할당이나 특혜 규정과 대비하여 살펴보면 의미가 있을 것이다. 여기서 제시한 질문과 답은 Krishnan and Sudersan(2008: 12~37)에 나오는 법정판례를 참고하여 편집한 것이다.

**01. 농촌 지역 학생 할당은 가능한가?**

아니다. 인도의 경우 우리와 달리 농촌 지역 출신 학생에 대한 교육 부문 할당제를 허용하지 않고 있다. 이것은 헌법 14조 법 앞의 평등 조항에 위반된다고 본다. 이것은 농어촌특별전형을 실시하는 우리나라의 대학 입학정책과 상반된다.

**02. 지구(district) 단위로 할당을 배분하여야 하나?**

아니다. 주의 가장 큰 행정 단위인 지구 단위로 할당을 골고루 분배

하여야 한다는 주장이 나오지만 이것 역시 헌법 14조에 위반된다고
하여 채택을 하지 않고 있다. 이러한 주장을 펴는 사람들은 특정
선진 지역 출신이 해당 주의 할당에서 과대 대표되는 것을 우려하
고 있다. 이와 마찬가지로 특정 선진 지역을 하나의 단위로 묶고
나머지를 또 다른 하나로 묶어서 별도로 할당하는 것 역시 허용되
지 않는다. 이것을 우리나라 상황에 비추어 이야기하자면 서울대학
교에 특정 지역 출신이 과대 대표되고 있다고 할 때, 예를 들어 서울
강남 지역 거주자가 서울의 다른 지역 거주자에 비하여 과대 대표
되고 있다면, 이러한 지역을 기준으로 하여 처음부터 서울대학교
입학정원을 지역별로 나누어 선발하자는 것인데 이것은 인도에서
허용되지 않는다.

## 03. 종합대학 단위(university-wise)로 하는 할당은 허용되는가?

그렇다. 종합대학 소속 단과대학의 입학정원이 있을 때 그 종합대
학에 소속된 단과대학에서 출제한 입학자격시험을 통과한 학생들
에게 일정 비율을 할당할 수 있도록 하고 있다. 이것은 우리나라의
법학전문대학 입학에서 해당 학부 출신의 입학 비율을 정하고 있는
것과 유사하다.

## 04. 주 역내 거주지에 기반한 할당은 허용하나?

그렇다. 그리하여 특정 주가 해당 주 출신자에게 정원의 일정비율
을 할당하는 것은 헌법 14조에 대한 위반이 아니라고 본다. 이런

경우 다만, 할당의 최대 정원이 설정되어야 하고 나머지는 비할당 공개 모집으로 남겨두어야 한다. 또한 거주 여부를 통한 지원 자격 제한과 할당이 합헌일 뿐만 아니라 거주 연한을 제한하는 것 역시 합헌이라고 본다. 하지만 거주지에 따른 100% 할당은 허용되지 않는다. 주 거주만이 아니라 해당 주 내의 특정 지역 거주 여부를 가지고 할당을 할 수도 있다. 그리하여 안드라 프라데쉬 주의 경우 오스마니아 대학(Osmania University)에 입학할 수 있는 정원 중 일부를 떨랑가나 지역 출신 학생들에게 할당하고 있다. 우리나라의 경우와 비교하여 보면, 지방국립대학교 의대에 부여된 입학정원 중 해당 도에 거주하는 지원자의 입학정원을 별도로 관리한다는 의미가 된다. 이러한 내용은 2014년 7월 시행된 지방대학육성법에 반영되었다.

## 05. 거주나 소속기관에 기반한 할당의 허용 범위는?

일반적으로 70%를 거주지나 소속기관에 따른 할당의 상한으로 하고 대학원 단계에서는 50%로 비율이 줄어들고 특별한 전문성을 요구하는 교육 기관의 경우에는 이러한 할당 자체가 없다.

## 06. 단과대학 단위(college-wise)의 할당이나 가산점은 가능한가?

아니다. 특정 단과대학을 우대하는 할당이나 가산점 부여는 불가능하다.

## 07. 특정 종합대학 출신자를 우대하는 것은 가능한가?

그렇다. 특정 단과대학 출신자들을 대상으로 하는 것은 안 되지만 특정 종합대학 출신자들을 대상으로는 가능하다. 다만 가산점을 준다고 할 때 10%의 가산점은 너무 과도하고 5%를 넘는 것은 무방하다. 이것은 우리나라에서 출신(종합) 대학별로 대학원 입학 사정 점수에 차별을 두고 있는 것과 유사하다.

## 08. 정부 부문 취업자들에 야간 대학 프로그램 자리를 할당하는 것은 가능한가?

아니다. 만약에 가능하더라도 이것은 할당비율을 50% 이하로 하여야 하고 민간인 취업자에게도 동등한 기회를 주어야 한다. 우리나라에서도 시행되지 않고 있다.

## 09. 대학 피고용자의 자녀에 대한 할당은 가능한가?

아니다. 이런 입학 구분은 입학의 목표와는 상관이 없고 피고용자에게 주는 입학특혜가 아니라 그 자녀에게 주는 것이기 때문에 출생에 따른 차별을 금지하는 헌법에 위반된다. 이것은 우리나라에서도 금지되어 있다.

10. 독립운동가의 손자녀에 대한 할당과 자녀에 대한 할당 가능한가?

손자녀에 대한 할당은 불가하지만 자녀에 대한 할당은 가능하다. 국가보훈과 관련하여 우리나라도 장학금만이 아니라 입학에서 혜택을 주고 있다.

11. 교육기관 입학을 신체 불구자에게 할당할 때, 졸업 후 강의가 가능할 정도로 시력이 얼마 이상 되는 학생들에게만 입학에서 할당 혜택을 받도록 제한할 수 있나?

아니다. 그러한 시력 기준을 설정하는 것은 매우 자의적이다.

12. 학교 설립자나 거액의 헌금을 기부한 사람의 후손에게 할당할 수 있는가?

아니다. 우리나라에서도 이것은 3불정책(기여입학제, 본고사, 고교 등급제)에 의해서 금지되고 있다.

13. 교육기관의 운영에 대한 규제를 하는 데 있어서 사립기관과 정부나 정부보조기관을 구분하는 것은 정당한가?

그렇다. 우리나라와는 다른 점이다. 우리의 경우 사실 사립대학과 국립대학의 경우 할당정책에서 특별한 차별적인 조항을 두지 않고 있다.

14. 여자대학교에서의 대학장을 오로지 여성에게만 할당할 수 있나?

아니다. 그 이하 직위인 다른 조직의 장을 남성이 할 수 있다면 대학장 직 역시 당연히 할 수 있다. 우리나라 여대에서도 총장이나 대학장을 여성만 하여야 한다는 규정은 없다.

# 〈부록 2〉 질의문답으로 알아본 인도의 기타후진계층 할당제

공직 부문에서의 기타후진계층에 대한 할당과 관련하여 제기되는 여러 가지 의문점들을 정리하여 보았다. 이 부록 부분은 별도의 주석이 없는 경우 앞의 부록 1처럼 Krishnan and Sudersan(2008: 262~309, 314~323, 377~391, 493~533)에 나오는 판례들을 다시 재정리한 것이다.

01. 사회적으로 그리고 경제적으로 후진계층이라는 범주는 카스트에 기반하여 만들어질 수 있는가? 혹은 이 용어에 나오는 계층이라는 단어를 카스트로 대체할 수 있는가?

아니다. 카스트는 명백히 후진성을 판별하는 유의미한 기준이지만 이것은 유일한 기준이 될 수 없다. 이에 더하여 다른 요소들도 같이 고려되어야 한다. 따라서 'classes'는 'castes'로 대체될 수 없다. 다른 요소들에는 빈곤 정도, 직업과 그 직업에 대한 대우에 있어서 사회적 불평등, 거주지가 포함된다.

## 02. 기타후진계층의 범주 구분은 종교에 기반하여 만들어질 수 있는가?

아니다. 예를 들어, 회교도 공동체를 하나의 후진계층으로 취급할 수 없다. 이것은 회교도 공동체가 동질적인 하나의 집단이 아니기 때문이다. 회교도라는 이유만으로 할당을 한다면 이것은 그 속의 다양한 집단적 차이를 무시하고 서로 다른 집단을 동일하게 취급하는 우를 범하는 것이다.

## 03. 경제적인 기준은 기타후진계층의 분류 기준이 될 수 있는가?

아니다. 카스트나 경제적인 기준이 각각 분류의 유일한 기준이 각각 될 수 없지만, 이 두 기준을 함께 보면 사회-교육 후진성을 판별하는 기준이 될 수 있다.

## 04. 경제적 기준이 후진성을 결정하는 주요한 기준이 될 때, 그 기준을 충족하는 사람이 단순히 부친이 변호사라는 이유로 할당을 거부당할 수 있나?

아니다. 비록 변호사라도 소득이 낮으면 그런 기준에 의해서 후진성을 충족한다면 할당 받을 수 있다.

05. 경제적 기준을 가지고 후진성을 판단할 때 이 소득의 기준은 과세소
   득인가, 아니면 총소득인가?

총소득이다.

06. 경제적 기준을 사용할 때 농지 경작자(cultivator)라는 범주를 만들
   어 별도로 할당을 할 수 있는가?

아니다. 경작자는 하나의 동질적인 집단이 될 수 없기에 하나의 계
층으로 분류될 수 없다. 경작자는 농지 소유주일 수도 있고 소작인
일 수 있으며 심지어 부재지주일 수도 있다.

07. 사회적으로 그리고 교육적으로 후진인 계층의 후진성은 지정부족과
   지정카스트의 후진성과 유사한 형태를 띠어야 하나?

아니다. 국가의 보호를 필요로 하는 후진성을 판단할 때 지정부족
이나 지정카스트의 후진성을 표준으로 삼을 이유가 없다.

08. 어떤 정부 조치가 헌법 15조 4항이나 16조 4항에 속한다는 것을
   증명할 의무는 누군가에게 있는가?

그것은 이의 제기를 하는 측이 아니라 정부에게 있다. 예를 들어서
기타후진계층으로 분류된 모든 계층이 단순히 카스트나 종교에 따
라서 이루어진 것에 불과하여 누군가가 부당하다고 이의제기를 할

때, 이러한 분류가 실질적인 후진성에 기초하여 이루어진 것이라는 사실을 증명하는 부담은 정부에게 있다. 만약에 그것을 증명하지 못한다면 정부는 그러한 분류를 유지할 수 없다.

09. 50% 할당 제한은 헌법 16조 4항의 정원 할당에만 적용이 되는가 아니면 16조의 다른 모든 할당 혜택(예를 들어, 열외 조항, 할인조정 조항 등)에도 적용이 되나?

그것은 정원 할당에만 적용이 된다.

10. 수직 할당과 수평 할당을 구분하고 있는데 이들 간의 조정은 어떻게 하나?

수직 할당은 위계서열 속에 속한 계층, 즉 지정부족, 지정카스트 그리고 기타후진계층에 대한 할당을 의미하며 그 비율은 50%이고 수평 할당은 독립운동가의 부양가족, 전사자나 전쟁 부상자의 자녀, 장애자, 산악 지역 해당자, 우따라칸드 지역 해당자(candidates of Uttarakhand area)를 대상으로 하는 것인데, 이는 수직 할당 범주와 교차하게 된다. 문제는 이렇게 수평 할당되는 정원을 어떻게 배분할 것인가로, 여기에는 두 가지 방법이 있다. 하나는 일반 범주, 지정카스트, 지정부족 그리고 기타후진계층에 원래 할당 비율대로 골고루 나누어서 상호 이전이 불가능하게 만드는 방식이 있고, 다른 하나는 그 수직 할당 범주를 분리된 칸막이로 보지 않고 해당 개별 범주에 충분한 수평할당 자격자가 없는 경우, 이 잔량만큼의 정원을 일반 범주로 이전하여 계산할 수 있도록 하는 방식이다. 전자는 '구획화된 수평 할당제'이고, 후자는 '통합된 수평 할당제'다. 이런 할당제 중 정부는 어느 것이든 사용할 수 있으며 또한 특정 수직 할당 범주로부터 수평 할당 집단의 지원자를 필요에 따라서 배제할 수도 있다. 이런 과정에서 전체 할당비율이 전체 정원의 50%를 초과할 수도 있게 된다. 50% 할당 상한 기준은 단지 16조 4항에만 해당하는 것으로 이해한다.

## 11. 50% 할당 상한은 여성 할당분까지 포함하는가?

아니다. 여성에 대한 할당으로 할당 총 인원이 50%를 넘더라도 상관없다. 이것은 다른 수평 할당이 50% 상한을 초과하여 일어날 수 있는 것처럼 여성에 대한 할당도 기본적으로 수평 할당이기 때문에 가능하다. 일반정원으로 공개경쟁으로 입학한 여학생은 기타후진 계층의 경우와 마찬가지로 여성 할당 인원을 계산하는데 포함하지 않는다.

## 12. 장애인, 군인 자녀 등 다른 할당 인원은 50% 할당 상한선에 포함되는가?

아니다. 50% 상한은 오로지 헌법 16조 4항에만 적용되는 기준이다.

## 13. 할당은 법률이 아니라 정부령으로도 가능한가?

그렇다. 헌법에 언급한 'State'는 주의회만이 아니라 주정부도 포함하는 것이며 헌법에는 법이 아니라 단순히 '특별한 조치'라고만 구성되어 있어서 반드시 법률이 아니어도 된다.

## 14. 전통적인 직업(예, 구걸)에 따라서 어떤 집단이 후진으로 분류되었다면, 이 집단 성원이 그런 직업을 더 이상 가지고 있지 않을 때, 할당 혜택을 받을 수 있나?

그렇다. 카스트의 직업은 세습되는 것이기 때문에 본인의 선택과 관계없이 그런 집단에 태어나는 것이다. 비록 해당 직업을 더 이상 수행하지 않는다고 하여도 여전히 그 집단 성원임에는 틀림이 없다.

## 15. 이미 후진으로 분류된 두 개의 후진집단을 서로 다르게 차별할 수 있나?

아니다. 다만, 후진계층을 할당비율 조절을 위해서 단순 후진계층과 더 열악한 후진계층으로 분류할 수는 있다.

## 16. 허위증서를 제출한 경우 입학은 취소되거나 거부될 수 있나?

그렇다. 헌법 15조 4항의 혜택을 받기 위해서는 합당한 신분증명서를 반드시 구비하여야 한다.

17. 입학사정위원회는 지원자의 카스트를 조사할 권한이 있는가?

그렇다. 카스트 증명서 자체는 지원자의 카스트에 대한 확정적 증거가 될 수 없다. 위원회가 추가조사를 할 권한이 있다.

18. '사회의 취약 부문'은 사회적 후진계층과 동일한 말인가?

아니다. 사회의 취약 부문은 사회적 후진계층보다 넓은 의미다. 예를 들어 그것은 자연재해 피해자도 포함된다.

19. 상층카스트 아이가 후진계층 가족으로 입양된다면 할당 혜택을 받을 수 있나?

입양 시기에 따라 다르다. 입양아가 어린 시절의 대부분을 상층카스트 집안에서 보냈다면 그는 할당제도의 취지인 사회적인 차별을 받았다고 보기 어렵다. 하지만 어린 나이에 후진계층에 입양되어 그런 환경 속에서 키워졌다면 입양아는 할당 혜택을 받을 수 있다.

20. 만약에 상층카스트 출신 여성이 하층카스트 집안의 남자와 결혼하였을 때, 그녀는 할당 혜택을 받을 수 있는가?

아니다. 이것은 위의 입양아 문제와 같은 논리에서 할당제의 적용 대상이 안 된다. 그리하여 하층카스트의 구성원이 받는 불이익이나 차별을 받은 적이 없다면, 단순히 결혼으로 가족관계를 형성하였다고 하여 혜택을 받을 수는 없다. 이것은 공직선거할당에서도 그대로 적용이 된다.

## 21. 공개경쟁을 통하여 입학한 후진계층 학생의 수는 할당 정원을 계산하는데 포함이 되는가?

아니다. 할당 혜택을 받지 않고 입학한 후진계층의 학생은 할당 정원 조정에 포함하지 않는다. 대체로 할당범주 출신 학생이 성적이 좋다면 공개경쟁 범주를 통하여 입학을 시킨다. 이것은 비할당범주 학생들에게 역차별의 우려를 낳고 있다. 재미있는 것은 할당범주의 학생이 공개경쟁을 통하여 입학하였을지라도 여전히 그 학생은 할당범주의 학생들에게 배정된 모든 장학금과 다른 혜택을 그대로 받을 자격이 있다.

## 22. 소수집단을 위한 사립학교도 정부 보조를 받으면 해당 소수집단 출신 이외의 외부인에게 일정 정도 할당을 하여야 하는가?

아니다. 헌법 15조 5항에서 소수집단 교육기관의 경우 비록 정부 보조를 받더라도 후진계층의 할당 대상에서 제외한다. 비소수집단의 비보조 사립 교육기관의 경우에는 할당을 실시할 수 있지만, 제한선은 설정되지 않고 있다.

23. 헌법 16조 4항의 할당(reservation)은 단순히 할당 자체만 의미하는가?

아니다. 그것은 보다 넓은 의미이고 후진계층을 위한 단순 할당 이외에 다른 모든 특별한 조치들을 포함한다. 그것에는 할인, 면제, 선호 등이 들어간다.

24. 헌법 16조 4항의 후진계층은 헌법 15조 4항의 사회적으로 그리고 교육적으로 후진인 계층과 같은 말인가?

아니다. 앞의 것이 보다 광의의 개념이다. 따라서 특정 계층은 16조 4항에는 해딩이 되지만 15조 4항에는 해당이 되지 않을 수 있다.

25. 할당 해당 계층의 부유층은 할당 목적으로 분류된 기타후진계층에 아예 포함이 안 되는 것인가?

그렇다. 계층은 항상 동질적이어야 한다. 그런데 이렇게 이질적인 부유층이 후진계층에 포함된다면 그 계층은 이미 계층이 아니다. 하지만 태생적으로는 해당 분류 집단에 속한다.

26. 한 자리만 있는 곳도 할당제를 실시하여야 하는가?

아니다. 한 자리만 있는 경우에 할당을 실시하게 되면 사실상 100% 할당이나 마찬가지가 되기 때문이다. 이것은 50% 할당 제한을 초과하는 것이다.

## 27. 지정부족이나 지정카스트한테는 최저당락점수를 낮추는 것이 허용 되는데 이것이 기타후진계층에도 적용이 되나?

기타후진계층의 경우 일반카스트의 최저당락점수의 10% 이내에서 낮출 수 있도록 하고 있다. 대법원 판결에 따르면, 일반카스트 출신 학생이 입학하는데 최소 80%의 성적을 내어야 입학할 수 있다고 할 때, 기타후진계층의 경우 72%를 당락점수로 정할 수 있다(Time of India August 19, 2011).

## 28. 입법부가 고등법원 소속 하위 법원직에 대해서 할당 규정을 정할 때 고등법원과 협의하여야 하는가?

그렇다. 일반적으로 입법부는 공무원의 근무여건과 충원을 조정 (regulate)하는 권한을 가지고 있지만 특수한 공무직과 관련하여서는 특별조항을 두고 있는데 그 중 하나가 사법부직이다.

# 참고문헌

박정석, 2007, 『카스트를 넘어서』, 민속원.

이광수·김경학·백좌홈·박정석 공저, 2002, 『카스트: 지속과 변화』, 소나무.

『조선일보』 2014년 4월 24일,

　　　　http://news.chosun.com/site/data/html_dir/2014/04/24/20140424000
　　　　51.html.

최정욱, 2007, 「인도의 민주주의 공고화와 정당체계의 변화에 관한 연구노트」,
　　　　『국제·지역연구』 16(4), 21~44쪽.

최정욱, 2013, 「인도의 공공 부분 할당제와 '지정카스트'의 정치세력화: 인도의
　　　　카스트 정치연구」, 『국제정치논총』 53(3), 547~578쪽.

최정욱, 2017, 「인도의 지정카스트와 기타후진계층 우대정책의 역사적 추진
　　　　동기의 비교」, 『국제·지역연구』 26(3), 35~66쪽.

Achary, P. D. T. ed. 2008. *Constitution Amendment in India*. New Delhi: Lok
　　　　Sabha Secretariat.

Alam, Anlket, 2004. "Quota for Muslims". *Frontline* 21(17), August 14~27.

Ambedkar, S. Nagendra. 2008. *Reservation Policy Issues and Implementation*. Jaipur:
　　　　ABD Publishers.

Andhra High Court. 1986. "V. Narayana Rao and Anr. vs State of Andhra Pradesh and Anr". September 5. AIR 1987 AP53.

Andhra High Court. 1995. "A.P. State Backward Class Welfare ··· vs The State of A.P. Backward Classes". on 7 April, AIR 1995 AP 248, 1995(2) ALT 1.

Andhra Pradesh Commission for Backward Classes. 2009. "Report of A. P. Commission for Backward Classes".

Andhra Pradesh Commission for Backward Classes. c.2009. "The Andhra Pradesh Commission for Backward Classes Act, 1993".

http://www.aponline.gov.in/APPORTAL/Departments/BC%20Welfare%20Reports/PDFS/2009/Report%20of%20Atirasa....

Ansari, Khalid Anis. 2012. "Analyzing the 'OBC-Minority' Sub-Quota". *Mainstream* 50(10),

http://www.mainstreamweekly.net/article3285.html.

Austin, Granville. 1966. *The Indian Constitution: Cornerstone of a Nation*. New Delhi: Oxford University Press.

Awasthy, S. S. 2006. *Indian Government and Politics*. New Delhi: Har-Anand Publications.

Backward Classes Welfare(C2) Department[Andhra Pradesh]. 2007. "Inclusion of Socially and Educationally Backward Classes of Muslims as Category 'E' in the List of Backward Classes, in Addition to the Existing A, B, C, D Categories". G. O. Ms. No. 23. July 7th.

Backward Classes Welfare(C2) Department[Andhra Pradesh]. 2011. "List of Socially and Educationally Backward Classes—Concessions in Rgard to Reservations in Services and Educational Institutions-Extention for a Further Period of 10 Years-Orders-Issued". G. O. Ms. No. 9, May

$17^{th}$.

Backward Classes Welfare(C2) Department[Andhra Pradesh]. 2012. "BCWD–
Reservations for Muslims –Setting Aside of 4.5% Sub Quota Provided
to the Minorities in Civil Posts and Services under Government of India
within the 27% Quota Earmarked for Other Backward Classes by the
Hon'ble High Court of Andhra Pradesh on 28–05–2012–Issue of Certain
Clarification with Regard to Its Impact on 4% Reservations Provded
to Certain Socially and Educationally Backward Classes of Muslims by
the Govt. of Andhra Pradesh under BC–E Category–Regarding". Rc.
NO.8267/E/2011. June 4.

Bakshi, P. M. 2000. *The Constitution of India*. New Delhi: Universal Law
Publishing Co.

Banks, Arthur S. 1985. *Political Handbook of the World 1984~1985*. New York:
CSA Publications.

Basu, Durga Das. 2007. *Introduction to the Constitution of India*. New Delhi:
Wadhwa and Company Law Publishers.

Chandak, Arun Kumar and Vinay Malani. 2013. *Taxes in India 2013~2014*.
New Delhi: A JBA Publication.

Charsley, Simon. 1996. "'Untouchable': What is in a Name?" *The Journal of
the Royal Anthropological Institute* 2(1), pp. 1~23.

Cheney, Gretchen Rhines, Betsy Brown Ruzzi and Karthik Muralidharan. 2005.
"A Profile of the Indian Education System". Paper prepared for the New
Commission on the Skills of the American Workforce, National Center
on Education and the Economy, November.

Choi, Jungug. 2012. *Votes, Party Systems and Democracy in Asia*. New York: Routledge.

Department of Higher Education. 2013. *All India Survey on Higher Education 2011~12(Provisional)*. New Delhi: Ministry of Human Resource Development, Government of India.

Department of Personnel and Training. 1987. *Handbook on Personnel Officers 1987*, Department of Personnel & Training, chapter 9, http://www.persmin.nic.in/DOPT/Publication/HandbookOnPersonnel Officers/ch-09.pdf

Department of Personnel and Training. 1993. "Regarding for Other Backward Classes in Civil Posts and Services under the Government of India-Regarding". O.M. No. 36012/22/93-Estt.(SCT). September 8th.

Department of Personnel and Training. 2003. "Validity Period of OBC Certificate and Verification of Community and 'Non-Creamy Layer' Status of OBC Candidates". O. M. No. 36033/4/97-Estt.(Res), July 25.

Department of Personnel and Training. 2004. "Clarifications Regarding Creamy Layer amongst OBCs". Office Memorandum No. 36033/5/2004-Estt. (SCT), October 14.

Department of Personnel and Training. 2007. "Action against Government Servants Who Get Appointment on the Basis of False SC/ST/OBC Certificates". Office Memorandum No. 42011/22/2006-Estt.(Res). March 29.

Department of Personnel and Training. 2011. "Reservation for Other Backward Classes in Civil Posts and Services under the Govt. of India-Sub-quota for Minority Communities". No.41018/2/2011-Estt.(Res.).

Department of Personnel and Training. 2013. "Revision of Income Criteria to Exclude Socially Advanced Persons/Sections(Creamy Layer) from the Purview of Reservation for Other Backward Classes(OBCs)-reg". Office Memorandum No.36033/1/2013-Estt.(Res), May 27.

Department of Personnel and Training. 2014. *Brochure on Reservation for Scheduled Castes, Scheduled Tribes & Other Backward Classes in Services*. http://www.persmin.nic.in/DOPT_Brochure_Reservation_SCSTBackward_Index.asp.

Department of Social Justice and Empowerment. 2013. *Annual Report 2012~13*. New Delhi: Ministry of Social Justice & Empowerment.

Deshpande, Ashwini. 2013. *Affirmative Action in India*. New Delhi: Oxford.

Dhavan, Rajeev. 2008. *Reserved!: How Parliament Debated Reservations 1995~2007*. New Delhi: Rupa. Co.

Ghurye, G. S, 1969. *Caste and Race in India*. Bombay: Popular Prakasha.

Government of India. 1980. *Report of the Backward Classes Commission*, volumes 1~5. New Delhi: Government of India.

Gupta, Dipankar. 2005. "Caste and Politics: Identity over System". *The Annual Review of Anthropology* 21, pp. 409~417.

Income Tax Department, India. 2011. "Wealth-Tax Act, 1957". http://law.incometaxindia.gov.in/DIT/other-income-tax-acts.aspx?page=ODTA&TabId=tab_WTA.

Institute of Applied Manpower Research and Planning Commission. 2011. *India Human Development Report 2011*. New Delhi: Oxford University Press.

Jaffrelot, Christophe. 2003. *India's Silent Revolution: The Rise of the Lower Castes in North India*. New York: Columbia University Press.

Krishnakumar, Asha. 2000. "Lessions from a Survey". *Frontline* volume 17 issue 18, September 2~15, 2000.

Krishnan, Anirudh and Harini Sudersan. 2008. *Law of Reservation and Anti-Discrimation: with Special Emphasis on Education and Employment*. New Delhi: LexisNexis Butterworths Wadhwa Nagpur.

Kshirsagar, R. K. 2013. *Reservation: A Quest for Justice*. Delhi: Kalpaz Publications.

Kumar, Asok. 2000. "Computerisation of Mandal Revenue Offices in Andhra Pradesh: Integrated Certificate Application". in Subhash Bhatnagar and Robert Schware (eds.). *Information and Communication Technology in Development; Cases from India*, New Delhi: Sage Publications. pp. 105~112.

Kumar, Nagesh S. 2007. "The Case for a Caste-wise Census". *The Hindu*. June 5.

Kumar, Ravinder. 1985. "Gandhi, Ambedkar and the Poona Pact, 1932". *South Asia: Journal of South Asian Studies* 8-1-2, pp. 87~101.

Lama-Reval, Stephanie Tawa, ed. 2005. *Electoral Reservations, Political Representation and Social Change in India: A Comparative Perspective*. New Delhi: Manohar.

Laxmikanth, M. 2007. *Indian Polity for the UPSC Civil Services Examinations*. New Delhi: Tata McGraw-Hill Publishing Company.

Maheshwari, S. R. 2000. *State Governments in India*. New Delhi: MacMillan India.

Mathur, Kuldeep. 2013. *Panchayati Raj*. New Delhi: Oxford.

Mathur, M. L. 2004. *Encyclopedia of Backward Castes*, vols 1~4. Delhi: Kalpaz

Publications.

Mathur, Tina. "Query: Reservations to Backward Classes in PRIs–Experinces; Examples".

ftp://ftp.solutionexchange.net.in/public/decn/cr/cr–se–decn–09061101.pdf.

McMillan, Alistair. 2005. *Standing at the Margins: Representation and Electoral Reservation in India*. New Delhi: Oxford University Press

Ministry of Human Resource Development. 2007. "The Central Educational Institutions (Reservation in Admission) Act, 2006."

http://mhrd.gov.in/sites/upload_files/mhrd/files/CEI–ResAdm–2006.pdf

Ministry of Human Resource Development. 2009. "The Central Universities Act 2009".

http://mhrd.gov.in/sites/upload_files/mhrd/files/CentralUniversitiesAct.pdf.

Ministry of Human Resource Development. 2013. "Brief Material of Oral Evidence before Committee on Welfare of OBCs". http://www.jnu.ac.in/ParliamentQuestions/ParliamentaryCommittee–on–Welfare–of–OBCs.docx.

Ministry of Social Justice & Empowerment. 2013. *Social Welfare Statistics*. New Delhi: India Offset Press.

Ministry of Welfare. 1994. "Issuing of Other Backward Class Certificates to Migrants from Other States/UTs". Letter No.12011/11/94–BCC(C).

Mukherjee, Sandeep. 2006. *Guide to Reservation Policy(SC, ST, OBC and PHA)*. New Delhi: Variety Books Publishers Distributors.

Muthuswamy and Brinda. 2011. *Swamy's Compilation on Reservation and Concessions: for SC/ST and OBCs(Mandal Commission), Ex-servicemen,*

*Sportsmen, Compassionate Appointments and Persons with Disabilities.* Chennai: Swamy Publishers.

Nabhi's Board of Editors, ed. 2013. *Nabhi's New Brochure on Reservation and Concessions: for Scheduled Castes, Scheduled Tribes, Other Backward Classes, Physically Handicapped, Ex-servicemen, Sportsmen and Compassionate Appointments,* vols. 1 and 2. New Delhi: Nabhi Publication.

Narayana, E. A. and S. R. Subhani. 2012. "Panchayat Raj in Andhra Pradesh: An Appraisal of Some Functional Aspects". *International Journal of Multidisciplinary Educational Research* 1(2), 387~397.

National Commission for Backward Classes. 2005. *Annual Report 2004~2005.* New Delhi. June 7th.

National Commission for Backward Classes. 2008. *Annual Report 2007~2008.* New Delhi, July 9th.

Oversight Committee. 2006. "Final Report of the Oversight Committee on the Implementation of the New Reservation Policy in Higher Educational Institutions". http://oversightcommittee.gov.in/ocrep.pdf.

Oversight Committee. 2006. "Interim Report of the Oversight Committee on the Implementation of the New Reservation Policy in Higher Educational Institutions". http://oversightcommittee.gov.in/fireport.doc

Pal, S. K. 2014. *The Constitution of India: [Amended upto the Constitution (Ninety-Eighth Amendment) Act, 2012 dated the 1st January, 2013 (w.e.f.01-10-2013)].* Mumbai: Current Publications.

Panandiker, V. A. Pai, ed. 1997. *The Politics of Backwardness: Reservation Policy in India.* New Delhi: Konark Publishers.

Parliament of India. 1999. *Constituent Assembly Debates* (*Proceedings*) (*9th December, 1946 to 24th January, 1950*), volumes 1~12. http://164.100.47.194/loksabha/cadebatesfiles/cadebates.html.

Pasricha, Seema. 2011. *Caste Based Reservation in India*. New Delhi: Deep & Deep Publications.

Press Information Bureau, India. 2010. "Amendments to the Central Educational Institutions(Reservation in Admission) Act, 2006 Approved". http://pib.nic.in/newsite/PrintRelease.aspx.

Ramulu, Chinnala Bala and Dandeboina Ravinder. 2012. "Five Decades of Democratic Decentralization Process in Andhra Pradesh". *Social Change* 42(2), 165~186.

Rao, M. N. 2010. "Ambedkarism and Its Impact on the Constitution of India". Administrative Staff College of India Monographs 1, Hyderabad India, September.

Rao, M. N. 2011. "The Constitution of India—Social and Economic Justice". First L. G. Havanur Memorial Endowment Lecture at Karnataka Law University, on March 23.

Rao, M. N. 2012. "Perspectives on Social Cohesion and Social Justice". Shri Konda Lakshman Bapuji Universal Foundation First Endowment Lecture Delivered on 23 June at Osmania University, Hyderabad.

Rath, Saroj Kumar. 2011. "Census of India 2011 and the Issues of National Security: A Dangerous Gambit". *Revista de Cercetare si Interventie Sociala*[Review of Research and Social Intervention] 33. 91~113.

Reddy, G. Ram. 1990. "The Politics of Accommodation Caste, Class, and Dominance

in Andhra Pradesh". In Frankel, Francine and M. S. A. Rao (eds.).
　　*Dominance and State Power in Modern India: Decline of a Social Order*
　　volume 1. Delhi: Oxford University Press.

Reddy, J. 1986. "V. Naryana Rao and Anr. vs State of Andhra Pradesh and
　　Anr. on 5 September 1986, AIR 1987 AP53".
　　http://indiankanoon.org/doc/1459986/.

Rudolph, Lloyd I. and Susanne Hoeber Rudolph. 1987. *In Pursuit of Lakshmi:*
　　*The Political Economy of the Indian State*. Chicago: University of Chicago
　　Press.

Sahoo, Niranjan. 2009. *Reservation Policy and Its Implementation across Domains*
　　*in India: An Analytical Review*. New Delhi: Academic Foundation.

Sengar, Shailendra. 2007. *Caste and Reservation in India*. New Delhi: Anmol
　　Publications.

Sharma, Suman K. 2012. *Nabhi's Handbook for Personnel Officers: A Compact*
　　*Manual of Rules and Regulations for Central Govt. Offices*. New Delhi:
　　Nabhi Publication.

Shinha, Sushil Kumar. 2009. *Reservation in Higher Education*. New Delhi: Raj
　　Publications.

Singh, Shyama Nand. 1991. *Reservation Problems and Prospects*. New Delhi: Uppal
　　Publishing House.

Srinivas, M. N. 1957. "Caste in Modern India". *The Journal of Asian Studies*
　　16(4), pp. 529~548.

Srinivasulu, K. 2002. "Caste, Class and Social Articulation in Andhra Pradesh:
　　Mapping Differential Regional Trajectories". Working Paper 179 of

Overseas Development Institute, London.

State Election Commission, Andhra Pradesh. 2011. *Handbook of Election Law (Panchayat Raj)*. Secunderabad, Andhra Pradesh: State Election Commission.

Stern, Robert W. 2003. *Changing India: Bourgeois Revolution on the Subcontinent*. New York: Cambridge University Press.

Subramanian, S. 2012. *The Poverty Line*. New Delhi: Oxford University Press.

Supreme Court of India. 1992. "Judgement Writ Petition(Civil) No. 930 of 1990-Indira Sawhney Versus Union of India and Others". November 16.

Suresh, V. and Krishnamurthy, B. 2011. *New Panchayatraj System: Issues and Performance*. New Delhi: Regal Publications.

Thakur, Ramesh. 1995. *The Government and Politics of India*. London: MacMillan Press.

Times of India. 2009. "Migrant SC, STs, OBCs not Entitled to Reservation Benefits: SC". August 17.

Times of India. 2012. "Demand to Ban Candidates with Bogus OBC Certificates". January 20.

University Grants Commission. 2007. "Status Note on Implementation of Reservation Policy for Other Backward Classes". Unpublished document.

Venkatesu, E. 2003. *Social Deprivation and Social Mobilization: A Case Study of Backward Castes in Adnhra Pradesh*. Ph.D. dissertation, University of Hyderabad(India).

Weisskopf, Thomas E. 2004. *Affirmative Action in the United States and India: A Comparative Perspective*. Routledge: London.

Wolpert, Stanley. 2004. *A New History of India*, 7th ed. (New York: Oxford University Press, 2004).

# 찾아보기

**지은이 최정욱**

현재 건국대학교 정치외교학과 교수로 한국정치와 동남아정치경제를 연구하는 동시에 우리나라 정치학계에서 드물게 인도정치를 연구하는 비교정치학자이다. 인도 관련 단독 저서로 2014년도 한국정치학회 학술상을 수상한 『Votes, Party Systems and Democracy in Asia』(New York: Routledge, 2012)가 있고, 국외 연구논문으로는 「Strategic Voting in India: Its Extent and Determinants in the 2004 General Election」(2009)이 있고, 국내 논문으로는 「인도의 민주주의 공고화와 정당체계의 변화에 관한 연구노트: 인도정치에 대한 연구관심의 제고를 기대하며」(2007)를 시작으로 「인도 총선에서의 전략적 투표: 1996년부터 2004년 선거까지 선거구 결과 분석(2009)」, 「정치연합이론의 시각에서 본 인도의 선거연맹의 이해와 분석: 새로운 삼각영역이론의 고안과 적용」(2009), 「인도의 공공부문 할당제와 지정카스트의 정치세력화: 인도의 카스트 정치연구」(2013), 「인도의 사회적 취약층에 대한 우대정책의 사례연구: 기타후진계층(OBC)에 대한 할당정책의 이해」(2013), 「새마을운동의 자발적 수용운동으로서 인도의 잔맙후미(Janmabhoomi) 사례연구」(2015), 「인도의 지정카스트와 기타후진계층 우대정책의 역사적 추진 동기의 비교」(2017) 등이 있다. 현재는 인도의 후진계층에 관한 대규모 대면 설문조사를 한국연구재단의 지원으로 수행 중이다.

저자 연락처: drchoi@konkuk.ac.kr, http://www.humanfirst.com

**인도의 사회적 취약층과 우대정책**
: 기타후진계층(OBC)의 공직, 교육 및 정치 부문 할당정책

© 최정욱, 2017

1판 1쇄 발행_2017년 11월 30일
1판 2쇄 발행_2018년 09월 30일

지은이_최정욱
펴낸이_홍정표

펴낸곳_글로벌콘텐츠
　　　등록_제25100-2008-24호

공급처_(주)글로벌콘텐츠출판그룹
　　　대표_홍정표　이사_양정섭　편집디자인_김미미　기획·마케팅_노경민
　　　주소_서울특별시 강동구 천중로 196 정일빌딩 401호
　　　전화_02-488-3280　팩스_02-488-3281
　　　홈페이지_http://www.gcbook.co.kr
　　　이메일_edit@gcbook.co.kr

값 13,800원
ISBN 979-11-5852-167-7 93350

※ 이 저서는 2015년 대한민국 교육부와 한국연구재단의 지원을 받아 수행된 연구임(NRF-2015S1A5A2A01010782).